Para entrar em contato:
Instagram: @palavraordinaria
Facebook: @palavraordinaria
Twitter: @1caraqueescreve

ISBN: 979-8-9859198-0-6

Consultoria: Luciana Ventura
Revisão: Alessandra F. Kliass Machado

Impresso nos Estados Unidos da América

"Não há nada que impeça um homem de escrever, a não ser ele mesmo. Se ele realmente deseja escrever, então ele o fará. A rejeição e o ridículo só o fortalecerão. E quanto mais tempo tentarem pará-lo, mais forte ele se tornará, como uma massa de água subindo contra uma represa. Você não perde quando escreve, o ato de escrever fará os dedos dos seus pés darem risada enquanto você dorme, fará você caminhar a passos largos como um tigre; incendiará seu olho e o colocará cara a cara com a morte. Você morrerá um guerreiro, será recebido no inferno com honrarias. A sorte da palavra. Se jogue, envie-o. Seja o palhaço na escuridão. É engraçado. É engraçado. Mais uma verso..."

Charles Bukowski

UM PALHAÇO NA ESCURIDÃO

UM PALHAÇO NA ESCURIDÃO

FAUSTINA CRUZ

Faustina Cruz

CONTENTS

X - CONTENTS

EU

sou
Todos os meus erros
Passados e futuros
O desespero dos inocentes
E a consciência dos culpados
Sem eles
O que resta de nós?

também sou
Um quebra-cabeça
Que não faz sentido
Olhado de longe
Uma repetição de cair
Um insistir em levantar
Algumas décadas de tentativas
De honestos erros de cálculo

continuo sendo
O debate em tempo surreal
Entre todos os espelhos
O agora espremido
Entre as perguntas do amanhã
E as respostas do ontem

sempre fui
Sem sempre me dar conta
E sempre serei
Sem ter opção
A pergunta sem resposta
A pergunta que se continua perguntando
Pelo tempo que o coração
Assim o permitir.

NÓS

Nós somos
Feitos do pó
Daqueles que vieram
Antes de nós
Além do sussurro
Daqueles ainda por vir
A possibilidade
De um impossível futuro
Que tem
Um pouco da nossa cara
Mas não nos pertence
Um futuro agora
Que nunca nos pertencerá

Nós fomos
E tomara
Ainda seremos
Pelo tempo que precisar
Para não decepcionar
O futuro
Para não magoar
O passado
Para não magoar aqueles

Que moldaram o presente
Com seu suor, sangue e lágrimas
Aqueles há muito tempo esquecidos
A maioria cuja existência
Para nós nunca existiu
Que sonharam sonhos
Que não nos alcançaram

Nós seremos
A página de um livro
Que luta o duelo
Que já nasce perdido
Para não ser apagada
Até o último cair
Sem volta
Na esquecida eternidade
De todos nós.

UM PALHAÇO NA ESCURIDÃO

O fingir não ver aquilo
Que eles não querem ver
É a maquiagem no rosto
Do palhaço
Que não sabe fazer rir

No picadeiro a escuridão
Do show que começa
Quando se fingi os olhos abrir

O truque do palhaço que chora
Com um sorriso no rosto
A espetacular mágica
Das lágrimas que desaparecem
Bem na frente dos seus olhos
Sem nunca deixar de doer

O preço do ingresso de quem
Entrou para ver o espetáculo
E agora não mais paga
Foi um pouco de atenção

Um dia a cortina se fecha

E todos exaltarão
A maravilhosa vida
Que viveu o palhaço
Que para encantar sua plateia
Desaprendeu a sorrir.

PALAVRAS

Palavras são ferramentas
Que a gente carrega, descarrega
Que carregam o que de melhor
E o que de pior a gente tem

Palavras carregam verdades
Outras vezes mentiras
Às vezes os dois
Sem saber
Ou sem querer saber
A diferença

Palavras carregam
O que a gente quer dizer
Nem sempre
O que a gente gostaria
Que o outro ouvisse

Palavras começam guerras
São interrompidas por beijos
Machucam, afagam
Podem ser ditas pelos olhos
Sussurradas no ouvido

Palavras são fiéis
Nem sempre!
Vez ou outra revelam segredos
Que não são seus
Nem dos lábios
Que as colocam pra fora

Palavras são geniosas
Isso sim!
Quando se recusam
A sair do coração

Tem palavras que nascem na raiva
Tem palavras que nascem na alma
Como se uma mensagem
Que precisasse ser dita
Agarrasse emprestado
Sem perguntar se podia
A boca da gente

Tem palavras lindas demais
Que vagam por aí
Buscando as mãos
De um poeta solitário
Pra chamar de seu.

CORAÇÕES ROUBADOS

Corações não foram feitos para serem partidos
Corações foram feitos para serem roubados
Corações roubados pelo ladrão de todos os ladrões
O ladrão que rouba um coração
Um coração roubado pra sempre

Poemas de amor não foram feitos para serem escritos
Poemas de amor foram feitos para serem impressos
Poemas de amor impressos na alma
Daqueles que tiveram seus corações partidos
Mas nunca tiveram seus corações roubados.

•

Deixa queimar
Vamos nos enfurecer
Contra um e contra todos

Deixa você
Não esperar pelo seu futuro
Mas correr para o presente
Que te pertence já faz tempo

Deixa as lágrimas correrem
Deixa o coração partir
Em mil e um tanto de pedaços
Esparramados
Carregados pelo vento
Pra contar para o mundo
A história dos olhos seus

Me deixa morrer
Para que eu possa viver
Deixa que meu veneno
Seja um veneno de minha escolha

Me deixa vender meu corpo

E emprestar meu beijo
Pra quem quer que seja
Contanto que seja alguém
Com cara e alma de você

Me deixa te odiar por um instante
Para que eu aprenda
A me amar para sempre

Vamos dormir o dia,
Amar a noite
Vamos devorar a vida!

Deixe-me cair, deixe-me errar, deixe-me dançar,
Deixe-me amar, deixe-me mentir, deixe-me viver,

Vamos nos enfurecer
De uma vez por todas
Deixe-nos ser,

FELIZ...

...ES.

SUSSURRO

Sussurra meu nome
Mil e um milhão de vezes
Ou até meu coração derreter
Nos lábios teus

Me odeia!
Mentira!
Faz isso não!

Me presenteie
Com briga de mentira
Com fazer as pazes de verdade
Com paixão, com vontade

Me deixa
Sem nunca me deixar
E me beija de volta
Para o meu lugar favorito
Nesse mundo de meu Deus
Meu pedacinho de céu
Os braços seus

Me belisca

Mas não muito forte
Eu não quero acordar
Quero sonhar nossa vida
Olhando no seu rosto

Me abraça
Até passar a dor
Ou até que eu me perca
Nos seus olhos

Segura minha mão
Aperta minha alma
Abraça meu coração
E nunca mais solta

Promete?

PERDÃO

Perdoa você
Por não ter sido capaz
De me perdoar

Suas pernas corriam você
Pra longe de mim
Mas seu coração
Te gritava de volta

Você pagou um preço
E carregou um peso
Por pecados
Que não eram seus

Você cuidou de alguém
Que te amava tanto
Mas que não sabia
Amar a si mesmo

Você me perdoou
Muito mais vezes
Do que eu merecia

Abandona essa dor
E foge
Com as boas lembranças
Antes que seja
Tarde demais

Me deixa descansar
Me deixa ir
Eu já parti faz tempo
Eu não estou mais aqui
O eu
Que nós dois um dia
Nem faz tanto tempo assim
Amamos tanto
Nos abandonou

Deixe-me
Deixar você
Livre
A hora chegou
Tenha força
Por nós dois
E por fim
Perdoa você!

VÔMITO

Se foi a luz, se foi o dia
Estão batendo na porta
Deixa a noite entrar

Eu fiz azul
Os olhos de uma negra noite
Que silenciosamente se despia

Eu gritei lágrimas
Nos olhos daqueles
Que insistiam em não me ouvir

Eu caminhei a passos largos
Pulando de estrela em estrela
Deixando cair um pouco de mim

Eu bebi mentiras
E vomitei girassóis
Para emoldurar o belo sorriso seu

E se fez verdade
A mais bela mentira
Da mais feia verdade

Eu me despi de mim
Pra me vestir de você
Pra acordar a gente.

PONTE

Eu escrevo palavras
Para esticar minha alma
Até chegar em um lugar
Que só com elas
Eu consigo alcançar
Um lugar além
De onde alcançam meus braços,
Meus olhos,
Ou meus medos

Eu escrevo palavras
Que escrevem a si mesmas
Que me escrevem
Que me revelam
Os segredos meus
Quando assim elas querem

Palavras são brinquedos
São o que querem ser
Dependendo do momento
Ou do seu humor

Palavras são ferramentas

Que nas mãos certas ou não
Destroem, constroem e reconstroem
Ferem,
Curam,
Até rir elas fazem

Eu escrevo palavras
Para te oferecer
Um pedaço de mim
Que pode refletir
Se você olhar de pertinho
Se você olhar com carinho
Um pedaço de você
Um pedacinho pequeno da gente
Um pedaço infinitamente suficiente
Uma ponte
Que começa em mim
E não termina em você
Uma ponte
Entre,
Além,
Nós,
E o resto do mundo.

ESCREVER

Escreva
Não porque você quer
Mas porque precisa

Escreva
Para aliviar a dor
Que te mantém acordado
Até tarde da noite

Escreva
Para encontrar o você
Que ninguém pode ver
Mas que você ouve
Quando o mundo está quieto

Deixe que o papel
Seja testemunha
Dos seus sonhos
Dos seus pecados
E qualquer coisa entre os dois
Esta é a receita do médico:

Escreva alguns minutos por dia

Até a dor desaparecer
Ou até seu coração cansar de bater

Escreva um diário
Escreva uma carta de amor
Escreva uma lista de compras
Escreva o endereço de um velho amigo
Escreva um pedido de desculpas
Ou uma nota de agradecimento
Escreva para si mesmo
Escreva para um ente querido
Escreva para um estranho
Para um amigo
Que você não vê há muito tempo
Ou alguém
Que você nem gosta tanto
Mas vê todos os dias
Escreva
E quando não houver mais nada a dizer
Escreva um pouco mais

Enquanto em você existe vida
Existe uma história em você
Esperando para ser escrita.

CHAMAS

Cuspa sua verdade no espelho
Pelo menos uma vez
Antes de partir

A dor machuca
A dor liberta
Por um momento breve
Que vale por uma vida longa

Deixe que o veneno
Corra por suas veias
E queime o outro

Não se negue
O perdão
Que te deixa de joelhos

Não negue às outras pessoas
A oportunidade de conhecer você

Não é a obrigação do mundo
Te entender
É obrigação sua

Exigir o respeito dele
Coloque seu mundo em chamas
Queima tudo
Principalmente você
Até sobrar nada
Além de você.

PASSEIO

A vida não é fácil
E adivinha?
Nunca foi feita pra ser

A vida é fogo
Que tem o intuito de forjar
Um outro

Por bem ou por mal
A vida é uma montanha-russa
Espero que você tenha mais altos do que baixos

A vida é curta
Quantas vezes já escutei isso?
Quantas vezes já repeti isso?
Aproveita o passeio!

Saboreie cada batida do seu coração
Cada vez que você respira
Como se fosse um copo do mais delicioso Malbec
Porque é

Não perca tempo

Pelo menos não com coisas
Que não tem importância

Se por um acaso
Ainda não ficou claro
A vida é muito curta!

Então

CARPE
ESSE CARALHO DESSE
DIEM!

PECADOS

Não me negue o prazer
Das suas mentiras

Estou ansioso
Por uma noite de pecados
Falsas versões de nós dois
E prazeres de verdade

Estou pagando por sua compaixão
Embrulhada em um corpo escultural
E sua maestria em iludir
Quem precisa tanto
De gentil ilusão

Deixa o peso do meu arrependimento
Debaixo da cama
Pelo menos até amanhã

Manda a vida
Que eu nunca quis viver
Esperar lá fora

Essa noite

Vista-se com um lindo sorriso
Me deixe comprar um sonho
Pra enfeitar seus olhos
Me deixe afogar
Em sua respiração ofegante
Me deixe queimar minha hipocrisia
Nas nossas peles suadas
Vamos compartilhar um copo de vida
Vamos foder a noite e dormir o dia
Antes que o despertar da mentira nos arrebate
De volta ao nosso miserável existir.

AMOR OU PAIXÃO

Amor é
Vestido preto, taça de vinho,
Salto alto e salmão grelhado

Paixão é
Vestido de chita, cerveja gelada,
Pé no chão e frango com quiabo

Paixão recebe
Amor se entrega

Paixão é ou foi
Amor, pra sempre

Paixão é fogo,
Queima
Amor é vida,
Rejuvenesce

Paixão é mordida na pele
Amor rosto colado

Paixão se rouba

Amor se conquista

Paixão sou eu
Amor somos nós

Vida é amor
E paixão é vida

Amor é bom
Paixão também.

ADEUS

Me empresta suas lágrimas?
Mas não posso prometer
Que irei devolver
Eu gastei todas as minhas
Com despedidas
Mais que tudo com um adeus
Que era pra ter sido um até breve
Tive mais despedidas nessa vida
Do que lágrimas nos olhos

Existe muito adeus
Que a gente fala pra curar
Ou pra aliviar a dor
Que acaba abrindo
Nova ferida
Que nem sempre cicatriza
Não importa quantas lágrimas a gente chora

Existem muitos idiomas
Pra dizer a mesma coisa
Pra dizer adeus
Mas a dor é a mesma
Em todos eles

Adeus também pode ser dito
Pelos olhos ou pelas mãos
Mas é sempre escutado
Pelo coração

Despedida é sempre difícil
E se com o tempo
Fica mais frequente
Não fica mais fácil
Dizer adeus.

IDIOMA

Existe um idioma
Falado por mulheres
Apaixonadas
E para aqueles
Ainda não fluentes
Um pequeno dicionário:

Quando eu digo
Tchau!
Quero dizer
Até logo,
Mas não demora!

Quando eu digo
Tô nem aí pra você!
Quero dizer
Tô muito aí pra você,
Mais do que você merece!

Quando eu digo
Odeio você!
Quero dizer
Estou chateada

Mas te amo!

Quando eu digo
Fiquei bem com essa roupa?
Quero dizer
Me fala como estou linda com essa roupa
Se você sabe o que é melhor pra você!

Quando eu digo
Tá bom!
Quero dizer
Tá bom?

Quando eu digo
Eu te amo!
Quero dizer
Eu te amo!
Eu te amo!
Sim,
Eu te amo,

Seu idiota!

TERRA DOS SONHOS

De um belo sorriso
Nasceu um beijo
E de um só muitos mais

Nasceu sonho, brotou flor
E de muitos beijos bem beijados
Com tudo junto e atrapalhado
Nasceu amor

E de repente se fez de um dia
Como outro qualquer
O dia mais triste de duas vidas

Em uma rua se fez dor
Que nasceu de um adeus
Que se fez pra sempre

O tempo fez cicatriz
E o mesmo tempo me ensinou
A conviver com a dor
A flor que no peito crescia
Foi morta de morte matada
Assassinada a dois corações

E um sonho sonhado a dois
Se fez pó que ilumina
A terra dos sonhos não realizados.

EXÉRCITO INVISÍVEL

Tantos rostos
Que eu nunca vi
Passam por mim
Todos os dias

Um exército apressado
De pessoas invisíveis
Marchando em perfeita harmonia
Trilhando caminhos diferentes
Em direção ao mesmo destino
Sem ter combinado
Destino de chegada
Lugar nenhum

Homens e mulheres
Juntos
Unidos e fortalecidos
Pela dormência da vida
Pela anestesia da rotina
De um cotidiano criado
Sabe-se lá por quem

Eu me pergunto se compartilhamos

Sonhos e dores parecidos
Eu me pergunto se eles se perguntam
Que histórias eu tenho pra contar?
Será que eles se importam?
Eu devo me importar se não?

A pior prisão
É a prisão construída
Pelo próprio prisioneiro

Aonde encontrar força para escapar
Das paredes que construímos
Com nossas próprias mãos?

SANTA TRINDADE

Uma padaria é para o mineiro
O mais próximo que ele tem
De um pedaço de céu na terra

Eu entro
Peço um café
Ela me oferece um sorriso

O cheiro
Do café torrado
É tão gosotosa máquina do tempo

O pão
Fresco e crocante
Tem sabor de casa da gente

Diante de mim
A Santa Trindade
Café, pão e manteiga

Vozes de homens velhos
Falando coisas que homens velhos falam
Como na minha infância

Café, pão e manteiga
E vozes
Da minha terra
Nesse instante
Que dura pouco demais
Que dura mais ou menos assim
Meia dúzia de UAI
Sou um homem vivendo
Em um pedacinho nosso de céu.

CONFORTÁVEL EU

Eu passo meus dias
Saltando de um EU
Para o outro

Diferentes versões
Pedaços de mim
Nunca EU

Não tenho certeza
Se me reconheceria
Se um dia me visse

Eu me tornei hábil
Em caminhar pela vida
Não sendo

Eu gostaria de saber
Quem pintou as máscaras
Que colocamos todos os dias

Eu me tornei o rascunho
De uma mentira repetida
Mal contada

Mentira que ninguém convence
Principalmente
Quem conta

Eu me tornei um espelho
Para refletir a versão
Confortável dos outros

Me tornei o não EU
Que tanto me assustava
Me tornei eles, todos, nada,
aqueles, algo, os outros,
Tudo, todo mundo,

Menos
EU.

VELHO

Pesadas são as palavras
Que carregam
Os lábios de um velho
Que carregam
O peso do tempo

A língua de um velho transborda
Amor e desespero

Ele pecou
E se arrependeu
Vezes demais

Ele tem compaixão
Porque pediu perdão
Vezes demais

Ele conhece a dor
Porque machucou os outros
Além dele mesmo
Vezes demais

Ele foi tolo

Ontem
Para poder ser chamado de sábio
Quem sabe um dia

Ele se casou
Com o mesmo amor
Que dele se divorciou
Antes de fazerem as pazes

Ele teve seu coração partido
Em pedaços demais

Ele entende amor
Da mesma forma
Que eu e você
Entendemos
O calor do sol
No rosto da gente

Ele sabe o quão forte é
Porque foi fraco um dia
Porque nunca desistiu

Escolher o levantar
Depois do cair,
Não desistir,
Não desistir,
Não desistir!

É o que a vida pede
Pelo privilégio
De um dia ser chamado

De velho.

QUEM É VOCÊ?

É a pergunta
Que aterroriza o coração
Que a gente responde
Com a convicção
De quem não sabe a resposta

Eu vivi muito
Eu nunca viverei o suficiente
Para viver a resposta

Eu não faço idéia
De quem eu sou
Parece que todos os dias
Me aproximo de mim
Um passo
E me distancio de mim
Outros três

Talvez quem sabe
Um dia
Eu me seja apresentado

E se assim for

Quem sabe nesse dia
Eu fique decepcionado

Quem eu era
E quem eu não sou
Me oferecem dicas

Eu descobri que sou
Uma parte lágrimas
Por uma e meia de sorrisos
Quando não sou
O oposto
Que também sou
Não quem você pensa que eu sou
Nem quem eu gostaria de ser
Mas um dia chego lá

Eu sou
Pecado e virtude
Sem deixar de ser

Eu tenho a certeza
De que não poderia ser
Sem meu coração pra amar
E sem meu fígado pra beber

Eu sou
As batalhas do passado
E as promessas de um
Sei lá quando!

Eu sou, eu era, eu sempre estarei,

Nada mais,
Nada menos,
Do que a possibilidade

E isso me basta.

AMANTE

Não me tire minha dor
Nós nos alimentamos
Um do outro
Eu do sorriso dela
Ela das minhas lágrimas

A dor tem sido
Amante de toda uma vida
Companheira mais que fiel

Quando eu estava sozinho
Sem ninguém ao meu lado
Ela estava lá

Quando eu estava sozinho
Rodeado por muita gente
Ela estava lá

Quando a vida bateu
Mais forte do que de costume
Quando doeu demais
Convidei as lágrimas
Para estarem também

Mas quando até as lágrimas
De mim se cansaram
A dor ficou

Quando todos foram embora
Essa moça de gênio forte
Encontrou um motivo
Para não me deixar

Não sei se de mim ela gosta
Ou se apenas se acostumou
Com minha tristeza.

CORRE

Não espere
Pela morte
Corre
Em direção à ela!

Não senta
E espera
Ela chegar
Levanta e canta!

Deixe
A festa
Dançando

Beba
Sua vida
Vivendo
Até a última gota!

Para quem você ama
Não deixe dinheiro
Deixe lembranças
Não diga

Eu te amo
Grita com o coração!

Não abra mão
De todos os erros
Que te são devidos nessa vida

A vida é presente
O mais precioso
Não desperdice a sua
Com a chatice
Insuportável
Da sanidade dos outros.

LONDON

Coloca algumas garrafas
De pecado na mesa
Hoje a noite vai ser eterna

Te prometo muitas memórias
Daquelas que deixam o rosto vermelho
Só de lembrar

Aquelas que colocam
Um sorriso no rosto
E aquecem o coração
Nas noites frias de inverno

Essa noite o tempo para
E da porta pra fora
O mundo deixa de existir

A noite vai ser
Regada a duas taças
E a quatro pernas
Vamos dançar
A noite toda
Eu, você e a lua

E que o sol quando se levantar
Se ainda algo de nós restar
Nos acorde com um gentil beijo no rosto

Amanhã
Quero acordar
Com cheiro
De fizemos arte.

ADEUS FRANK

Cada dia que passa
É um passo mais perto
Da cortina final

Cada dia que passa
O caminho até lá
Vai ficando mais curto

Eu ainda caminho em sua direção
Mas andando mais rápido
Do que gostaria

Eu ainda tenho
Tantas idiotices pra fazer
Pra alimentar minha cabeça
Com palavras pra escrever

Eu gostaria
Que os poucos amigos que tenho
Bebam e dancem o meu adeus

Que meu último cheque
Seja um cheque sem fundo

O último sabor que eu leve dessa vida,
Um Malbec

Meu último beijo,
Na boca

As últimas palavras que escute,
Amo você

Eu vim pra esse mundo
Chutando e gritando
E prometo ir embora
Esperneando!

Então
Que as últimas palavras
Que saiam da minha boca
Sejam um recado claro

FODA-SE A MORTE!

FELICIDADE

Felicidade é algo
Que a gente busca
Sem saber muito bem o que é

Felicidade é algo
Que às vezes a gente busca
Sem se dar conta de que já tem

Às vezes
Se é feliz e está triste
Outras é triste e está feliz

Felicidade não tem
Fórmula, receita
Tão pouco preço

Felicidade é construção,
Escolha,
Caminho,
É ser,
Felicidade não é ter

Felicidade é caminhando

Não é chegada
Felicidade é sendo

Felicidade tem rosto,
Sabor,
Som
E sorriso largo

Felicidade está em mim
Somos nós

Vinho, chocolate, música,
Abraço apertado e beijo bem beijado
São anabolizantes de felicidade

Tristeza não é
O oposto de felicidade
É professora que ensina humildade

Aonde tem uma
A outra não necessariamente
Deixa de existir

Tristeza é uma conhecida
Para um café da tarde
De vez em quando

Felicidade é amiga
Pra compartilhar a vida
De vez em sempre.

DOIS

Vai,
Você,
Mas volta

Leva,
Meu coração,
Mas devolve

Me manda,
Embora,
Não vou

Fica,
Brava,
Eu gosto!

Feliz,
Sou,
Ao seu lado

Sou seu,
Sempre fui,
Sempre serei

Beija,
Minha boca,
Delicia!

Me ama,
Te amo,
Amamos

Fala,
Eu te amo,
Repete!

Você,
Eu,
Felicidade...

SOU ESTOU

Estou presente
Sou eterno
Estou homem
Sou amor

Amanhã fui
Ontem serei
Hoje,
Não sei!

Agora sou
Meu passado amanhã
Meu futuro ontem
Sou todos os nós

Sendo sou
Sempre serei
O espelho
E o reflexo

Estou dor
Mas fui amor
Sou amor

E amor
Eu sempre serei.

INTENSO GIRASSOL

Não sou metade
Sou intensa, sou inteira
E um pouco mais

Gosto de copo cheio
Copo que transborda
De chocolate que derrete na boca

Quanto de mim cabe em você?
Também existe espaço
No seu coração para os meus defeitos?

Não sei gostar
EU AMO!
E já não peço mais desculpas por ser assim

Sou abraço apertado,
Rosto colado,
Beijo bem beijado

Eu odeio, eu amo,
Eu xingo, eu afago
Ao mesmo tempo, tudo junto e misturado

Perdi a conta das despedidas
Mais ainda choro em todas
E nos reencontros também

Choro em filme melado
Danço sem música tocando
E dou risada sozinha

Não sou um pouco
Não sou o suficiente
Sou sempre mais

"Eu gosto de você"
Pra mim é café morno
E café pra mim só se for fervendo

Escuto várias vozes na minha cabeça
Todas brigando comigo
E eu brigando com elas

Sou eu
E sou todas as outras
Que moram em mim

E pra ficar comigo
Tem que amar todas nós,
Intensamente!

MAQUIAGEM INVISÍVEL

No mesmo horário
Todos os dias
Dos últimos já faz tempo demais
Ela acorda como ela dorme
Linda come sabe que é
Linda como não mais se vê
Morena, olhos castanhos claros,
Amendoados, boca larga
Sorriso que além de belo
Agora também é forçado
Ela coloca um batom
Que nem sempre é o mesmo
Mas tem sempre a mesma cor
Cor de Odeio Minha Vida
Combinando com a alma
E passa as próximas horas
Em um estado de apatia
Anestesiada por algo que
Dos olhos pra fora
O mundo chama de vida
Mas do coração pra dentro
Ela sabe que não é
Por detrás da maquiagem

Que todo mundo vê
Existe outra
Além do alcance dos olhos
Escondida atrás daquela
Que ela coloca no rosto
Depois que levanta da cama
Maquiagem pra deixar
A dor bonita
A noite limpa a casa,
Cozinha,
Ajuda as crianças
Com o dever da escola
Transa com o marido
Finge que gosta
Ele finge que acredita
Ela já não se lembra
Da última vez que fez amor
Depois que todo mundo dorme
Tira a maquiagem do rosto
A do coração também
E tem vontade de chorar
Mas as lágrimas secaram
Ela não se lembra mais
De como chegou naquele lugar
Odeia tudo
Odeia todos
E principalmente
Odeia a si mesma
O sono vem e vence a dor
Ela já não sonha mais
Seis horas sem dor
Amanhã

Tudo de novo...

A CHAVE

Essa noite
Quero que você coloque
Um vestido decotado
O mais lindo vestido
Que você tem
Aquele que eu gosto
Aquele que você adora
Aquele que é fácil de tirar
Coloca o batom
Cor de Vermelho Nossa Cama
O perfume
Que tem cheiro de amor
Solta o cabelo
Vamos sair
Beijar na boca
Beber, dançar,
Dançar, beber,
Sorrir
Vamos viver
Quando você
Menos esperar
Quando você
Mais desejar

Minha mão vai encontrar
Suas pernas
Debaixo da mesa do bar
Quero que o mundo
Te devore com os olhos
A chave do seu coração
Você me deu
Eu conquistei
Eu existo pra merecer
E não tem cópia
Quando a noite acabar
Todos vão voltar
Pra casa com um sonho
O objeto do desejo
Daqueles que os olhos caírem
Na armadilha do sorriso teu
Vai passar a noite
Essa e todas as outras
Debaixo das cobertas
Com o dono da chave.

ESCOLHA

Não escolhi amar você
Pois não te amar
Nunca foi opção

Se existe um mundo
Onde eu não te amo
Nunca ouvi falar
Nem faço questão

Não sei
Não te desejar
Com corpo, alma e coração
Nem nunca vou aprender

Meu amor por você
É quem eu sou
É a cor dos olhos da minha alma

Eu acho que já nasci te amando
Apenas tive que passar
Alguns anos de vida te buscando
Pra te merecer

Mas agora que encontrei
Aqui eu confesso

Eu menti,
Sim eu menti
Quando prometi
Te amar até morrer

Nem a morte
Me separa do meu amor
Quando eu partir
Te espero
Pela eternidade que precisar.

FLORES DE PLÁSTICO

Nada que realmente
Vale a pena na vida
Dura pra sempre

O belo
O que não dá pra esquecer
Até o eterno
Não dura tanto assim

Tudo que é bom
Que faz sorrir
Tem prazo de validade

Flores de plástico
São lindas
Tem seu valor
Mas infelizmente
Não tem fim

Se eu fosse gênio
Ao invés de esforçado
Teria escrito
Que seja eterno enquanto dure

E assim sendo
Que minhas palavras
Que devem viver
Bem mais tempo
Do que meus ossos
Também um dia possam
Em paz morrer
Porque se eternas forem
Nada mais terão sido
Do que tão lindas
Palavras de plástico.

MANHÃS

Todas as manhãs
Quando eu acordo
Duas coisas
Me lembram
De que estou vivo
O sol
Que sorrateiramente
Entra pela janela
Do quarto
Sem pedir licença
E gentilmente
Acaricia meu rosto
E minha dor na lombar.

ESCRAVO

Sou escravo das palavras
E quando escuto
As palavras batendo
Na porta do coração
Pedindo pra serem escritas
Pode ser em um jantar,
Almoço ou café da manhã,
Uma conversa com amigos,
Uma briga com inimigos,
Uma reunião de trabalho ou de condomínio,
Na fila do banco,
Na cobrança do pênalti,
Na fila do pastel,
Na academia,
Pedindo um aumento,
Implorando pra não ser despedido,
Consertando o chuveiro,
Na maca do hospital depois do choque,
Cozinhando,
Lavando a louça,
Fingindo estar dormindo pra não lavar a louça,
Assistindo sacanagem,
Tentando solucionar os mistérios do universo,

Quando o sol nasce,
Ou tarde da noite,

Paro tudo para escrever

Mas se estou
Debaixo das cobertas
Sem roupa abraçado com você...

...elas que esperem!

LINDA

Meu lápis
É meu pincel
O papel
Minha tela
E minhas palavras
São minhas tintas
Eu não sou
Nenhum Van Gogh
Só um poeta esforçado
Metido a bom poeta
Eu tentei
Juro que eu tentei!
Mas não encontrei
Acredito que ainda não inventaram
Cores lindas o suficiente
Para pintar um rosto
Tão bonito assim.

FOLHA EM BRANCO

Eu sento
Pego um lápis
E encaro uma folha em branco

A sensação
É de que ela
Me encara de volta

Eu digo
"Por favor!"

Ela responde
"Hoje não!"

Eu não sei brigar
"Tá bom!"

BRIGADEIRO

Alimento minha alma
Com palavras
Palavras têm sabor
A palavra moça
Tem sabor de brigadeiro
Dá água na boca!
A palavra abraço
Se serve de aperitivo
Beijo vai bem de entrada
Morena enche a mesa
É prato principal
Moça é doce
Fica bem na sobremesa
Cada vez que falo
A palavra moça
Engordo 200 gramas
Mas caloria
Que se ganha
Com palavras de amor
Só se queima na cama.

MALBEC

Malbec é um vinho canalha
Beirando a mau-caráter
Delicadamente bruto
Brutalmente honesto
Honestamente gentil
Malbec é um adorável
Velho rabugento
Você não bebe um Malbec
Briga com ele
Bate, apanha e gosta
Enfrentar uma taça de Malbec
É como tomar um surra
Daqueles que te deixam
Com vontade
De quero mais um copo,
Saúde!

SONHO

A gente não sonha
Porque quer
A gente sonha
Porque precisa
Como o ar que respira
Os sonhos são asas
Que a gente usa pra escapar
Pra fugir
Das dores da vida
Mesmo que por um suspiro
A gente sonha
Para voltar à um lugar
Para reencontrar uma pessoa
Para matar saudades
O sonho alivia a dor
Alimenta a esperança
Derruba a parede entre
O lado de dentro
E o lado de fora
A criança sonha pra aonde vai
O velho de onde veio
O adulto onde quer chegar
Sonho é bom

Sonhar é necessário
Mas precisa de coragem
Para um dia deixar de ser
Sonho sem coragem
É um pássaro
Lindo
E sem asas.

ESPELHO

Os olhos dela
Não acreditaram
Quando encontraram
Aquele que passou
Uma vida inteira
Buscando por ela
E foi no reflexo
Dos olhos dele
Que ela viu
Pela primeira vez
A mulher linda
Que todo mundo
Dizia que via
Menos ela

No sorriso dele
Ela encontrou
Um mundo
Criado por ele
Só pra ela
Só pra eles
E ninguém mais

Oi!
Disseram os lábios dele!
Por que demorou tanto?
Perguntou o coração dela!

NUDES

Escrevo dor
Cada palavra uma cicatriz
Coração esculpido
Em forma de flor

Lágrimas que correm
De olhos fechados
Tristeza à prestação
Vida só à vista!

Voz que se ouve em silêncio
Voz de coração
Eu ouço, falo, respondo,
Ele me ignora

Promessas ao pé do ouvido
Mentiras sinceras
Regadas a vinho
Se tornam verdades semi-eternas

Minhas melhores histórias
Foram escritas a nós dois
Me manda nudes do seu coração?

SEMENTE

Ela partiu
Mas não sem antes
Plantar uma semente
No coração meu
Semente regada
Com lembranças
Lágrimas
E dor
Dia após noite
Noite após dia
Semente que era pequena
Cresceu e virou flor
Flor tão bem cuidada
Que ficou grande
Bela
E todo o espaço
Do meu coração
Vazio ou não
A flor ocupou
As lembranças ficaram distantes
As lágrimas secaram
E com a dor me acostumei
Mas flor de saudade

Só se mata
Com amor de verdade.

HISTÓRIAS

Nessa vida a gente nasce
Mais de uma vez

A primeira
Quando vem ao mundo
E chora

A segunda
Quando conhece o amor
E suspira

A vida são histórias
Várias
Costuradas dentro de uma só
Com começo, meio e recomeço
Com pontos finais de mentira
Com vírgulas de verdade
E se tiver sorte
Com muitos pontos de exclamação

História de vida é bom
Vida sem história
Nem tanto

Vida com amor é poesia
Sem amor é redação

Vida não se tecla
Se escreve a mãos

Vida é história
Que fica mais bonita
Quando se é escrita
Com lápis
Papel
E coração.

AQUELA MÚSICA

Todo mundo
Tem uma música
Aquela música

Que às vezes só toca
Dentro do peito
Outras do lado de fora também
E quando toca
O mundo para
Sem se dar conta de que parou
O coração fica apertado

Aquela música
Que faz acordar
O cisco que fez
Do olho da gente
A casa dele
Sem perguntar se podia

Aquela música
Que brinca sorrindo
Com a cara do tempo
Que leva de volta

Para um lugar
Tão longe
De qualquer aqui
De qualquer agora
Para um momento
Que nunca
Deveria ter acabado
Se houvesse
Justiça no universo
Um momento
Que foi feito
Especialmente pra gente
Viver e reviver
Eu e você dentro dele
Ele dentro de nós
Para sempre

E aquela música!

AQUELA NOITE

Já estava mal-intencionado
Bem antes de você chegar
Não tem mais volta

Tranquei a porta
A chave?
Perdi!

As velas na mesa
São para iluminar
O lindo rosto teu

A lua é para ter testemunha
Dos deliciosos pecados
Que vamos cometer juntos
Você e eu

A música é porque
Toda história de amor que se preza
Tem que ter trilha sonora
A música também é pra dançar
E a dança é desculpa
Pra ficar de rosto colado

Mas tem que ser
Aquela música!

Aquela música
Que em um futuro
Tomara eternamente distante
Nos traga de volta
Para aquela noite
Para essa noite

Até o amanhecer
Seremos o casal
Mais feliz do mundo

Porque temos um ao outro,
Uma garrafa de vinho,
E chocolate
O chocolate?
Usa a imaginação!

AQUELA PESSOA

Todo mundo tem uma pessoa
Aquela pessoa!
Com quem você ouviu aquela música!
E passou aquela noite!

Aquela pessoa que você encontrou
Quando não sabia que estava procurando
Atrevida
Mal-educada
Que entrou no seu coração
Sem ser convidada
E nunca mais saiu

Aquela pessoa que te mostrou
Aquele truque de mágica
Que o poeta escreveu
Aquele de fazer
Sua tristeza desaparecer
Com um beijo

Aquela pessoa que te ensinou
Que amor não obedece
As leis da física

Que se dois corpos não podem
Ocupar o mesmo lugar no espaço
Ao mesmo tempo
Às vezes um mesmo coração
Ocupa dois peitos muito distantes

Aquela pessoa que não somente te olha
Mas te enxerga
Que diz "Eu te amo"
Pra você e não para a pessoa
Que ela gostaria que você fosse

Aquela pessoa que te mostrou
Que você pode ser feliz
Sendo quem é

Que pode ser amado
Por ser como você é
E não apesar de

Aquela pessoa com quem
Você sonha um dia formar
Aquele casal

Que briga
Mas não larga
Que reclama um do outro
Mas anda de mãos dadas

Que gosta de fazer coisas juntos
Mas adora fazer nada
Um do ladinho do outro

Aquela pessoa
Que não é como você sonhava
Que não é perfeita
Mas é um imperfeito sonho
De uma perfeita realidade
Você sabe

Aquela pessoa!

A MOÇA E O PRA SEMPRE

A moça
Que encantou o amor
Também cantava a dor
E dava pra dor
A rima que a dor não tem

Na voz dela
Dor doía menos
Talvez porque na voz dela
Ninguém doía sozinho

Quando ela cantava
Dava pra ver
O coração da gente
Batendo no peito
De todo mundo

A moça
Que sofria afinada
Sofrimento tão versado
Que até pra dançar dava

O amor escolheu ela

Pra ser o amor dele
O coração escolheu ela
Pra traduzir pra gente
Os segredos dele

A moça
Que sofria como todo mundo
Cantava e encantava como ninguém

A moça
Apaixonada pela vida
Apaixonada demais
Pra deixar de ser moça

Pra sempre moça,
Pra sempre sofrência,
Pra sempre amor,

Pra sempre Marília!

#hashtag

Viver pra que
Se a gente pode
Tirar foto de vida?
Gravar vídeo de vida?
Postar vida,
Ensinar vida,
Sem ter que viver?

Viver é bom
Mas dá trabalho
Viver dói
Mas não dor
Que fica bem na foto
Dói dor
Que dói de verdade
Que não dá like!

Viver pra quê?
Ser feliz pra quê?
Se ninguém vai ver?

Parecer que vive
É o novo viver

Viver de verdade
Tá tão fora de moda!

Existe felicidade
Sem filtro?

É mais vida
Se tem hashtag?

Viver pra quê?
Olhar no olho pra quê?
Ser quem eu sou pra quê?

#meamaprimeirohashtagpraeumeamartambem
#perfeitovazio
#perfeitailusao
#perfeitoperfeito
#hashtag

arrobamundovazio

MOÇA

Não se deixe enganar
Ela sofreu
Mais do que contam
Os olhos seus

Atrás do sorriso debochado
Bate um coração machucado
Cansado de apanhar
Que insiste em bater
Que não desiste de amar

Coração que bate no peito
De alguém tão teimoso
Quanto o coração seu
Que insiste em assustar
A tristeza do mundo
Com o sorriso dela

Eu tentei
Juro que eu tentei!
Com os poemas
Que eu tento escrever
Com as piadas

Que eu não sei contar
Convencer suas lágrimas
A não mais rolar
Para que não roubem
Do rosto dela o sorriso
Que ilumina o mundo
Principalmente o meu

Mas eu prometo
Pela luz que jorra
Dos seus olhos castanhos
Que ainda vou construir
Um castelo com paredes
Impenetráveis
Para o coração dela morar.

CALENDÁRIO

Meu coração
Bate
Forte
De vez em sempre

Quando ouço a voz dela
Mais forte ele bate

Eu escrevo
Sempre
E entre uma palavra e outra
Paro pra respirar

Eu falo
Pouco
Enxergo
Muito

Me emociono
Demais
Meu coração manda
Meus olhos
Não obedecem

As lágrimas não caem
O tempo passa
Meu rosto
É meu calendário
E meu calendário me diz
O tempo passou.

COPO DE ÁGUA

O quarto
Não era o meu
Nem o dela
Mas seria mágico

Entramos eu e ela
Saímos nós
Entramos dois
Saímos um só

Ela tirou minha roupa
Ou eu tirei a dela
Não me lembro

Mas me lembro
De dois jovens
Sem roupa e apaixonados

Sua pele era branca
Como a neve
Tinha cheiro de primavera

Seu pescoço

Tinha sabor de arco-íris
E o sorriso,
Lindo
Aquele sorriso!

Seu corpo tremia
Minha alma tremia
Nossos corações tremiam

Respiração ofegante
Ela olhou nos meus olhos

Colocou sua mão no meu rosto
E disse:
Você vai ser o primeiro!

Eu coloquei minha mão no rosto dela
E disse:
Eu vou ser o pra sempre!

AQUELA RUA

Aquela rua
Que eu passei tantas vezes
Sem notar que nem sempre
Era a mesma

Talvez porque nem sempre
Eu era o mesmo
Que por ela passava

No começo era grande
E eu pequeno
Eu cresci
Ela encolheu

Rua de paralelepípedos
Palco de grandes
Clássicos futebolísticos
Joelhos ralados
E beijos roubados
Pera, uva, maçã ou salada mista?

Algumas vezes
Quando era criança

Subia correndo
Algumas vezes
Quando era jovem
Cantando, cambaleando

Rua que me viu passar
Descabelado
Atrasado pra escola
Perfumado
Nervoso pra um encontro
Indo para o meu primeiro trabalho
Voltando da minha primeira demissão

Rua que sem minha mãe saber
Fazia careta pra ela
Sempre que ela gritava
"Vem janta menino!"

Rua que me viu
Pular o muro do chalé
Pra caçar fantasmas,
Pra provar que eu não tinha medo,
Pra provar que eu era um homem
No corpo de um menino,
Pra namorar também

Rua que me viu subir e descer
Feliz, sorrindo
Triste, sorrindo
Que eu não conseguia enganar
Com meu sorriso fácil
Que escondia lágrimas

Além de segredos
Que vão morrer com a gente

Aquela rua
Que antigamente começava
Na esquina de casa
Hoje tão longe de mim
Pra sempre termina
No meu peito.

O TUDO

Sou paixão
Que queima
No peito da vida

Sou desejos realizados
Frustrados e os proibidos

Eu consumo
Aquilo que me consome

Sou a ansiedade
De algo que não deveria
Mas está pra acontecer

Sou aquele
Que você é
Não podendo ser
E por isso esconde

Sou o mundo,
O desejo,
O certo,
O errado,

Ao mesmo tempo,
Sou a porra toda!
Quem sou eu?
Quem é você?

O POEMA MAIS BELO DE TODOS

O poema mais belo de todos
Nunca foi e nunca será escrito

Não cabe em palavras
Tem cores que os olhos não veem

Não existem mãos tão fortes assim
Para escrever os versos seus

O poema mais belo de todos
Morre em um adeus
Falado todos os dias

E renasce nos olhos de dois jovens
Que se viram pela primeira
De muitas outras vezes

O poema mais belo de todos
Ficou entalado na garganta
De um homem que depois de toda uma vida
Teve que olhar nos olhos fechados

Do seu grande amor
E se despedir pela última vez

O poema mais belo de todos
Corre pelas veias do corpo que treme
Da menina que pela primeira vez
Tira a roupa na frente dele
Prestes a entregar pra ele
O que de mais valioso ela tem
Seu coração

O poema mais belo de todos
Está no brilho dos olhos
Do casal que ri sem motivo
Que não sabe porque estão juntos
Mas tem certeza
Que não podem viver separados

O poema mais belo de todos
Nunca foi e nunca será
Porque está eternamente sendo

Agora nesse exato momento
Enquanto você está lendo essas palavras
Alguém está chorando, rindo, dançando,
Suspirando, beijando, amando, vivendo

Escrevendo seus versos
No poema que nunca será terminado
Porque é lindo demais para ter fim

O poema mais belo de todos.

TCHAU

Poucas palavras
Na língua de Portugal
Tem tantos significados
Quanto a palavra tchau

Às vezes
Tchau significa
Preciso de você
Sem deixar de significar
Também preciso de um tempo
Que era pra ser curto
Ou pelo menos ter um fim
Mas que vez ou outra
Só de pirraça resolve
Durar ele demais
Durar um somente pra sempre
E aquele tchau
Passa a ter a cara
De ferida que não cura,
Nunca!
E dói,
Muito!

Tem tchau que quer dizer
Amo você!
Mas estou machucada!
Não aceita!
Não desiste de mim!
Luta por nós!

Tchau gostoso
É tchau de porta de casa
É tão bom que nunca é um só
Tchau de namorados
São sempre vários
Esparramados
Entre um beijo e outro

Tem tchau para aquelas pessoas
Que a gente sabe não tem escolha
A não ser partir
Pra nunca mais voltar
A cabeça sabe
O coração implora
Não vai embora!
Por favor!
Não me deixa aqui sozinho!
Eu não sei viver sem você!

Tchau do dia a dia
De todos os dias
É aquele que a gente repete
Da mesma forma que escova os dentes
Só de rotina
Mas não tem significado algum

Tchau cruel é o que nunca foi falado
Que pela vida foi roubado
Que na garganta ficou entalado
E às vezes rola pelo rosto em forma de lágrimas

Chorar também é uma forma
De dizer tchau
Aos poucos
Ou de uma vez só
Até o olho secar
Triste quando é a única
Que resta para se despedir
De quem a gente amou
De quem partiu
Sem dizer adeus
Ou pelo menos um até
Quando Deus quiser

Os que sorte tem um dia irão dizer
Um tipo de tchau que só se pode dar
Para uma pessoa
Às vezes com um sorriso no rosto
Outras com lágrimas nos olhos
Mas que não passa de formalidade
De falar por falar
Porque é uma grande mentira
Porque para aquela pessoa
Pode haver distância
Mas não existe despedida
Porque não pode existir
Tchau de verdade

Para a nossa outra metade.

RANCOROSA

Dor
De deu errado
Se cura com tempo
Com suspiro
Com choro de "Eu tentei"
É como o vento
Acaricia o rosto
E um dia
Vai embora

Dor
De o que poderia ter sido
É rancorosa
Dorme e acorda
Ao seu lado
Abraçada com você
Por mais que busca
Não encontra
A porta de saída
Do seu coração.

OLHOS DA SAUDADE

Olhei
Nos olhos da saudade
E pedi
Implorei
Por favor vai embora!
Tem piedade de mim!
Ela sorriu
E me respondeu
Sorrindo
Olhando
Nos olhos meus
Eu escutei sua voz
Me chamando
Todas às vezes
Que você disse adeus
Outras vezes eu vim
Sem ser convidada
Quando alguém partiu
Sem se despedir
Agora não sou mais visita
Agora somos você
Mas não se preocupa
Nessa vida

Nada dura pra sempre
Eu vou embora no dia que
Seu coração parar de bater.

ÚLTIMA GOTA

A maioria das perguntas que
A gente tem quando se é jovem
Não encontram suas respostas
Quando deixamos de ser

As dúvidas são como sementes
Que com o tempo dão vida
A outras perguntas
Elas se multiplicam

A vida é bonita demais para ter
Lógica
Explicação
Resposta
Ou razão

Ela prefere se esconder
Atrás de um véu delicado
E se despir lentamente ao som
Das batidas do coração

A alma por sua vez se acalma
Quando a gente se dá conta

De que a vida é como o vinho
Não faço a menor idéia
De como a uva se transforma
Em água com sabor de paixão
E mesmo assim não abro mão
Do prazer orgásmico
Como diria a Beth
Do vinho
E da vida
Até a última gota.

POR MUITO POUCO

Eu era jovem e tinha
Mais querer
Do que saber fazer
Eu sabia que ela
Além de mais velha
E linda
Tinha uma filha e um ex-marido
Conversamos pelo telefone
O desejo escorria pela pele
Como o suor naquela noite
Quente de verão no sul de Minas
Em que ela estava sozinha
E queria a companhia do meu corpo
Tanto quanto eu queria o dela
Entre uma palavra indecente e outra
Ela deixou escapar além de gemidos
Que o ex-marido era muito ciumento
E que passava um tempo na prisão
Até hoje não sei
Se perdi uma noite inesquecível
Ou se escapei da morte.

PROMESSA

Eu prometo pra mim mesmo
E para o mundo que não vou mais
Fingir que sou feliz quando não sou

Não vou mais tentar carregar
O peso do mundo nas costas

Eu quero,
Não!
Eu preciso
De alguém que caminhe ao meu lado

Chega de sorrisos
Para não causar desconforto com minha dor
Eu já tenho lágrimas demais
Escondidas no fundo da garganta

Eu amarei aqueles que me amam
E serei educado com aqueles que não
Ter que escolher entre a minha dor
Ou a sua não é escolha!
Não é justo!
Os dois sofrem independente

Da decisão

Eu não tive a coragem de escolher eu
Agora não tenho outra opção
Só restam duas versões de mim
E a outra é uma pessoa em coma
Semi-viva por fora e morta por dentro

Cansei de pedir desculpas
Agora peço licença
Vou passar
Custe o que custar

A felicidade não é
Um ato gentil
Muito menos delicado
É bruto
Intencional
É grito com voz de alma.

SOPRO

Às vezes tenho a impressão
De que o tempo fica parado
E sou eu que por ele passo
Enquanto ele olha
Observa
Ri
Às vezes até chorar ele chora

Antigamente eu passava rápido
Por ele
Muitas vezes tão apressado
Que também passava
Pelos meus sonhos
Sem tempo pra escutar
Eles me pedirem
Pra ficar
Ou pelo menos
Passar mais devagar
Sem tanta pressa pra chegar
Em um lugar
Que até hoje
Eu não tenho ideia
Qual era

Onde ficava
Ou porque na sua direção
Eu caminhava

Hoje pelo tempo
Eu passo lento
Com medo de ter andado
Rápido demais
E ter deixado pra trás
Algum outro lugar
Que eu deveria
Ter me encontrado.

VAI EM PAZ?

Sempre existe mais tempo
Até o dia
Em que não existe mais sempre

Quando o amanhã
Cansado de te esperar
Vai embora
E te deixa apenas
Na companhia do agora
E o agora tem
Pouco tempo pra você
Está com pressa
Tem hora marcada
Com o antes de hoje
Daqui a pouco
E você
Não está convidado

É nesse momento
Que você se dá conta
De que o abraço de ontem
Passou a ser o último abraço dado
De que ao último adeus

Será negado a oportunidade
De se tornar
O próximo até breve

O tempo que ainda te resta
É pouco tempo pra você enterrar
Todos os beijos não beijados
Abraços não dados
Palavras nunca ditas
As risadas silenciadas
Pela pressa de chegar
Em um lugar que você
Na verdade nunca quis estar

Antes de partir
Não esqueça de fazer
Uma oração pelos sonhos
Que você deixou morrer
Por falta de coragem
Ou simplesmente por medo
De ser feliz

Sinto muito
Acabou
Aquilo que você nem se quer
Deu a oportunidade
De começar
Vá em paz...

...se puder!

MÉNAGE

A luz fraca
De longe eu observo
Sem ser notado
Fascinado
Hipnotizado
Sem fazer barulho
Visão que faz
Meu corpo tremer

Ela agora está
Em outro mundo
Seduzida pelo espelho
Fazendo amor com a vida
Como se olhasse
Pra dentro dela mesma
E o resto do mundo
Não mais importasse

Ela o carrega graciosamente
Até seu destino final
Ela espalha ele
Pelos lábios dela
Vermelho de arrancar do peito

O coração de qualquer pobre coitado
Que cruze o caminho deles

Pela primeira vez
Na minha vida
Eu ouço o som das batidas
Do meu coração acelerado
O suor que corre
Pelo meu corpo
É silencioso grito
De um desejo avassalador

O lábio de cima
Se encontra com o debaixo
Retoque final
No quadro mais belo
Sorriso mais lindo
Intencionalmente tímido
Quase envergonhado
Quase consegue esconder
O poder que os dois juntos tem
Sorriso que nasce no coração
Que jorra dos lábios
Pra deixar claro que o mundo
Por um lindo momento
Pertence à ela

Estou sem palavras
Não estava preparado
Para tão belo ménage

Uma mulher,

Um espelho,
E um batom.

CANALHA!

Me deixe morrer
Enquanto a noite
Ainda é jovem
Enquanto ainda brilha
A luz das estrelas
Que iluminam os passos
Daqueles que cambaleando
Buscam o caminho
De volta pra casa

Me negue o último beijo
Para que eu leve comigo
O desejo ardente
Do sabor dos lábios seus
Não preciso de conforto
Preciso de desejo
Pingando da ponta
Da minha língua

Não quero morrer em paz
Prefiro morrer em festa
Que a morte me tire a vida
Eu entendo

134

Mas que me tire
O sorriso ordinário
Que me acompanhou a vida toda
Nunca!

Não sei pra onde eu vou
Mas sei como quero chegar
Da mesma forma como vivi
Com sede de vida

Eu quero partir
Enquanto ainda posso
Segurar uma taça
De Malbec na mão
Enquanto ainda tenho
Forças pra dizer
Para a morte
Todos os desaforos
Que ela merece ouvir
Canalha!

O TEMPO E A GENTE

A gente passa
O tempo fica
Não vai a lugar algum
O tempo viu minha vó
Ainda criança
Enterrar o irmão
Que ela tanto amava
E verá as dores
E os amores
Dos filhos dos
Meus netos

O tempo viu o homem
Que matou muitos homens
E o outro que morreu
Por um sonho
De um mundo melhor
Para todos

O tempo viu de tudo
E um pouco mais
Tem história pra contar
Que não acaba nunca

Espectador privilegiado
Da história de todas as histórias
Talvez não se surpreenda mais

Mas o tempo
Por mais tempo
Que tenha vivido
Nunca vai se acostumar
Com o quanto dele
A gente perde
Achando que ele passa
E a gente fica.

UM BRINDE

Um brinde
Para os jovens sonhadores
Que acreditam
Que estão certos
Quando estão errados
Eles podem
São jovens sonhadores

Um brinde
Para os velhos rabugentos
Que sabem
Que estão errados
Quando estão errados
Mas não admitem
Eles podem
São velhos rabugentos

O que seria do mundo
Sem velhos rabugentos
Que um dia foram
Jovens sonhadores.

VENDE-SE

Meu coração
Está à venda
Cansei de alugar

Agora só se for
Pra sempre
Não tem devolução

Feito em Minas
74, usado
Quer dizer
Seminovo

Só entre nós
Bem rodado
Mas se cuidar
Com carinho
Ainda anda muito

Alguns arranhões
Na lataria
Mas nada que
Um belo par

De olhos castanhos
Não possam arrumar

Se ficar devagar
Esta faltando vinho

Se ficar chato
Faz cócegas
E pra bater
Por muito tempo
Beija, beija, beija!

VELHO CORAÇÃO

Velho coração
Coração cansado
Que não se cansa
De acreditar
Na vitória
Do amor sobre a dor
Da possibilidade
Do impossível

Velho coração
Coração machucado
Que bateu
Apanhou
E algumas vezes
Até gostou

Velho coração
Coração guerreiro
Que insiste
Em bater
E não desiste
De nós

Velho coração
Coração largado
Que chora solitário
No silêncio
De um peito vazio

Velho coração
Coração confidente
Que guarda
Um segredo
Um beijo
E um par de olhos

Velho coração
Coração companheiro
Estivemos juntos
Desde o começo
E bateremos juntos
Até o fim.

MUITO POUCO

Eu amo muito
Eu bebo muito
Eu beijo muito
Eu danço muito
Eu escrevo muito
Eu espirro muito
Eu me emociono muito
Eu penso muito
Eu ando muito
Eu sinto muito
Eu gosto muito
Eu leio muito
Eu tropeço muito
Eu sonho muito
Eu sorrio muito
Eu tento muito
Eu erro muito
Eu vivo muito

Eu falo pouco.

ORVALHO

O tempo passa
No seu próprio tempo
E a gente
Corre atrás

Às vezes
Rápido demais
Pra guardar na mente
Os sorrisos, os abraços,
Os beijos e os queijos

Outras nem tanto
Parece que faz
De propósito
Arrasta a dor
Alimenta a saudade

No campo
É delicado
Brinca entre
As árvores

Na cidade

Arrastado
Estabanado
Tropeça
Entre as pessoas

Quando se é
Jovem
Ele é enorme
Parece 10 vezes
Maior que o
Pra sempre

Quando se é
Velho
Cabe na
Palma da mão
Frágil como
Gota de orvalho.

VENTO

Tenho inveja do vento
Que viaja todo o tempo
Sem passaporte
Sem destino
Ou hora pra chegar

Que quando tem pressa
É ventania
Quando está com preguiça
Suave brisa
E se não está a fim
Não sopra,
Pronto!
Simples assim

Vento que brinca
Com o cabelo
Da bela morena
Vento que tudo vê
Sem nunca ser visto
Que carrega o que quer
Sem nunca ser carregado

Vento que faz morada
Na praia, na cidade,
Nas montanhas
Aonde dá na telha!
Vento que às vezes
Até encontra pousada
Nas palavras do poeta.

ENQUANTO BATE O CORAÇÃO

Enquanto bate o coração
Existe esperança
Não existe desculpa

Enquanto bate o coração
A gente não tem o direito
De desistir da gente

Enquanto bate o coração
A gente luta, cai
A gente levanta

Enquanto bate o coração
A gente ri, chora
A gente é feliz

Enquanto bate o coração
A gente até finge às vezes
Que vive sem a gente

Enquanto bate o coração
A gente briga, faz as pazes
A gente ama

Enquanto bate o coração
A gente beija, beija, beija
A gente beija

Enquanto bate o coração
A gente pede, implora
Não para de bater!

ANTES QUE ACABEM AS LÁGRIMAS

Antes que acabem as lágrimas
Chega de existir
Vamos viver

Antes que acabem as lágrimas
Vamos sonhar acordados o sonho
Que nos faltou coragem pra viver

Antes que acabem as lágrimas
Vamos chorar as dores
E beijar os amores

Antes que acabem as lágrimas
Vamos beber
Até que nos abandonem os pudores

Antes que acabem as lágrimas
Me ame como se nunca
Fossem acabar as lágrimas

Antes que acabem as lágrimas

Que nunca nos acabe
A insensatez da paixão

Antes que acabem as lágrimas
Que acabem o vinho e nossas forças
Antes que a noite acabe.

MENINO HOMEM

Tinha o corpo franzino
De um menino de 13 anos
Que cresceu brincando
A brincadeira de sobreviver
O sorriso era de criança
Os olhos eram de alguém
Que sofreu como gente grande
Entrou pela porta querendo briga
Já faz tanto tempo
Que nem se lembra o porquê
Mas se lembra das palavras
Que ouviu da boca do pai
"Se não tá feliz moleque
Você sabe onde fica a porta da casa!"
E nesse dia sem olhar pra trás
Pela porta que entrou menino
Sai homem pra nunca mais voltar
Um homem de 13 anos.

ALCEU

Alceu era mais que irmão
Era irmão que protegia Isaura
Dos outros irmãos
Que corria com ela
Pela fazenda às gargalhadas
Um dia ficou doente
Com uma doença até então
Pouco conhecida
Uma tal de diabetes
Quando a mãe levou
O filho ao médico
O diagnóstico foi claro
Dona Maria Antônia
Dá açúcar pro Alceu e compra
Uma vela do tamanho do menino
Leva até Aparecida e pede
Pra Nossa Senhora salvar seu filho
A mãe pediu
Isaura implorou
Mas Nossa Senhora não escutou
Às vezes Isaura deitava na grama
Fechava os olhos
Tentando escutar o som

Da gargalhada do irmão
Correndo pelo céu.

VIDA SONHADA

A verdade pouco me interessa
Prefiro mentiras honestas
Prefiro o sonho à realidade
Não consigo viver
Sem acreditar em final feliz
Por mais impossível que seja
Aliás,
Odeio o possível!
Meu coração jorra
Sonhos pelas minhas veias
Gosto de contos de fadas
Mas confesso que tenho
Uma queda
Pela elegância das vilãs
História que é história
Tem que ter sofrimento
Com recompensa de beijo
De viveram felizes
Até Deus sabe quando
Me poupa dos detalhes
Me conta das rosas
E do sorriso da princesa
A triste realidade não vai

Muito com a minha cara
Nem eu com a dela
Antipática!
Me acorda da realidade
Com um beijo nosso
Coração, coração meu
Não sei viver
Eu sonho a vida!

ÚLTIMO PÔR DO SOL

Eu sei
Eu fugi de você
Toda minha vida
Às vezes cheguei
Mais perto
Do que gostaria
Por favor
Não me leva a mal
Não é você
O problema sou eu
Tenho a cabeça fraca
O coração frouxo
Me apaixono fácil
Eu caí de quatro pela vida
Assim que ela saiu
Dos meus pulmões
Desde o primeiro grito
Nunca mais tirei
A vida da cabeça
A vida é tão sedutora!
Dançar, beber, comer,
Amigos, sorrisos, família,
Mulheres,

Ah mulheres!
Eu sei que minha hora chegou
Que finalmente vai me levar
Dinheiro nunca tive
Mas ainda me resta
Meia taça de amor guardado
Em um cantinho do peito
E um pouco de força
Pra segurar um lápis
Uma folha de papel
E escrever
Um último poema de amor
É só isso que me resta
Pra te oferecer
Te dou meu último poema
Em troca você me dá
Um último pôr de sol.

TAÇAS DE VINHO

A única coisa
Que separa a humanidade
De um estado
Absoluto e irreversível
De selvageria
São taças de vinho
São elas
Que sustentam a ilusão
De que somos algo mais
Do que primatas
De terno e gravata
Que desenvolveram
Métodos avançados
De depilação
Portanto
Senhoras e senhores
Eu peço,
Não
Eu imploro!
Não desistam
Das taças de vinho!

PÃO COM MANTEIGA

Todas as manhãs
No mesmo horário
Eu entro na mesma padaria
Que tem um número
Inimaginável de guloseimas
E eu peço todos os dias
A mesma coisa
Um pão com manteiga
Um café preto
Com duas colheres pequenas
De açúcar mascavo
A vida já tem
Uma habilidade incontestável
E incomparável
De complicar a si mesma
Não precisa da minha ajuda.

VOCÊ

De você quero tudo
Quero toda

De nós sinto falta

Por você sinto desejo
Muito!

Com você sinto
Tudo
Intenso
O brilho do sol
O sabor do vinho
O gosto da vida
A dor da saudade
Depois de você
Só mais você

Sem você...
...desculpa
Tentei escrever
Mas não existe
Sem você.

SETE LÁGRIMAS

Todos os dias de uma vida
Por maior que tenha sido
Cabem em um grão de areia

Todo o tempo
De uma vida passa
Em pouco mais
De um piscar de olhos
Se tiver sorte
Quem sabe dois

Da vida
Que nada se leva
Alguma coisa se deixa

Principalmente aqueles
Que a vida viveram

Aquilo que se deixa
É o fruto
Daquilo que se planta

A riqueza mais rica

Que fica
De uma vida bem vivida
Fica pra sempre
Fora do alcance
Dos ladrões
Guardada
A sete lágrimas
No cofre que fica
Dentro do peito.

LAURINHA

Ela viveu como nasceu
Era do signo de tempestade
Com ascendente em trovoada
E o mundo
Esse é cruel com as tempestades
Não aprecia sua intensidade
Não entende sua beleza
Ah como ela era linda!

Quando chegou entregou
Para a irmã uma flor-de-amor
Colhida lá na beirada do céu
E da irmã ganhou
Seu nome de música
Seu nome de mãe de rei
Seu nome era Laura

Laura se foi e o tempo passou
Mas quando dá saudades
Manda mensagens pra irmã
Carregadas nas asas da borboleta-azul

O tempo passou mas

O tempo de dor é mal-educado
Não respeita tempo de relógio
Em tempo de dor 10 anos
Passam em 10 segundos
E parece que foi agora
Que ela foi embora
O eu te amo brinca
No fundo da garganta
Mas não sai porque sabe
Que não vai encontrar
Os ouvidos dela

Mas tempo de amor também
Não tem um pingo de educação
Não respeita tempo de tempo
Quando falam para o amor
Já faz muito tempo!
Ele responde
Nunca entendi isso
Que vocês chamam de tempo

Os outros não entendem
Que as lágrimas que correm
Dos olhos da irmã todos os anos
São para regar a flor-de-amor
Plantada no coração
Que ela ganhou da Laurinha
Que partiu sem dizer adeus
Se o tempo de dor não tem educação
Ela tem e prometeu para Laura
E pra si mesma que
Um dia iria devolver

A flor-de-amor
Que ela guarda no peito,

Pessoalmente.

NO MEU CORAÇÃO

No meu coração
O tempo não passa
A gente nunca envelheceu
O sol não nasce
Aquela noite já dura
Muitas primaveras

No meu coração
Nunca nos re-encontramos
Porque nunca nos separamos
E as lágrimas?
Que lágrimas?

No meu coração
As taças estão sempre cheias
E a ressaca segue esperando
O dia nascer

No meu coração
A gente continua
Dançando
Rindo
Amando

No meu coração
A campainha está quebrada
O telefone não funciona
A música não para

O que passou com a gente
Foi uma versão ruim
De uma história linda
Pra sempre escrita
Como deveria ter sido

No meu coração.

BOA NOITE!

Hoje não deu
Eu juro que tentei
Mas as palavras
Não deram as caras
O sol se pondo
A lua nascendo
Tá bom,
É isso que deu!
Talvez hoje seja
Um daqueles dias
Onde não hajam
Histórias para escrever
Mentiras para contar
Fazer o quê?
Eu minto amanhã
Boa noite!

A BRIGA

O que começou
Com uma briga
E a certeza do fim
Terminou
Em uma noite
Que não tem
Como esquecer
E não tem
Como negar
As estrelas viram tudo
Espero que só elas
Antes de deitar
Apaga a lua
E pede para o sol
Não nos incomodar
Até de tarde
Tô cansado!

NEM CERTO MUITO MENOS ERRADO

Errado é não tentar
Errado é não errar
Tentando acertar

Errado é você
Sem eu
Ou eu sem você
Certo somos
Nós dois
Juntos

Errado é o que
Entra pelo ouvido
Certo o que
Jorra do coração

Às vezes o errado
É errado com
Cara de certo
E o certo
Que a gente chama de errado

Tem tudo
Pra dar errado
Mas não dá

Às vezes o certo
Começa errado
Mas errado
Sem coragem
Não vira certo

Só não erra
Quem nunca tenta
E quem nunca tenta
Nunca erra
Nem acerta

Às vezes o certo
Dói
Mas a dor
Também ensina
E o acerto afaga
Mas também ilude

Já errei muito
E muito mais
Vou errar
Só não quero mais
Errar sozinho

Erra comigo?

O QUE NOS RESTA

Em algum momento
Da nossa caminhada
Nos faltou força
E deixamos cair
Dos nossos
Corações apaixonados
Os sonhos
Que sonhamos
Para um futuro
Que nunca chegou

Eles ficaram pra trás
E a gente caminhou
A gente correu
Nos faltou coragem
Pra parar
E olhar um
Nos olhos do outro

O que nos tornamos?
Aquilo que juramos
Nunca ser
Aquilo que mais

Medo nos dava

O que sobrou
Não enche um
Canto de coração

O que nos resta?

Um sem o outro
As lembranças
A dor.

RASGADO

Eu me rasgo em flores
Não sei como não
Entrego tudo
Até o que não tenho
Pra entregar

Eu beijo
Com os olhos
Falo
Com o coração
Toco
Com a alma
Não ando
Corro

Se minhas pernas
São curtas
E não acompanham
A velocidade
Dos desejos meus
Meus sonhos
São enormes
Eu transpiro

Vontade de vida.

AMOR É AMOR

Amor é amor
Nem sempre acerta
Às vezes erra
É amor

E se é perfeito
Não sei o que é
Mas sei o que não é
Amor

Amor se vive
É lutar pra não
Deixar morrer

Sim
O amor morre
Amor é flor
Que se rega
Com mais
Amor

Viver é amar
Ou buscar o amor

Amor é aceitar
Ser amado
Amor é dar
Receber
Compartilhar

Amor não julga
Mas às vezes
Dá pitaco

Se bater, machucar,
Agredir, ofender,
Insultar, humilhar,
Se não respeitar, se tem preço,
Não é, não foi
Nem nunca será

Amor.

GOTAS DE MÁGOA

Gotas de mágoa
Meu copo quase cheio
Não acontece
Da noite pro dia
Nem do dia pra noite
Leva tempo

Gotas de mágoa
Meu copo quase cheio
Ainda me lembro
Do meu coração vazio
Cheio de possibilidades
Cheio de sonhos

Gotas de mágoa
Meu copo quase cheio
Tem dia que dói
Tem noite que dói demais
Mas a maior parte do tempo
Convivemos bem
A dor e eu

Gotas de mágoa

Meu copo quase cheio
Pingando lentamente
Um sorriso aqui
Uma lágrima ali
Se não fui eu que fiz
Fui eu que perimiti

Gotas de mágoa
Meu copo quase cheio
Um dia transborda
E mancha a alma
Mancha que não
Sai com lágrimas
E todos irão ver
Meu copo
Por fim
Mais que cheio.

FINGIDOS

No começo ela fingia
Que não queria
Eu também
E os dois fingiam juntos
Que acreditavam
No fingimento um do outro
Até que nem mais o fingimento
Acreditava em nós

É difícil fingir
Quando o coração desmente
As palavras que saem
Da boca da gente
Quando a cabeça
Não obedece e não para
De pensar no outro

Até o dia que
A verdade deu um basta
E os dois fingidos viraram
Um a sombra
Do coração do outro
Eu disse que finjo

Nunca disse que finjo bem
Não posso fingir
Que nossa história teve
O final feliz que não teve
Que merecia ter tido
Eu sei como começou
Mas não me lembro bem
De como terminou
Ou talvez não queira lembrar

O começo foi lento
O meio intenso
E o fim rápido demais

O que começou com
Duas pessoas fingindo
Que não eram
Perdidamente apaixonadas
Um pelo outro
Terminou com
Duas pessoas fingindo
Muito mal fingido
Pelo resto de suas vidas
Que seriam felizes
Um sem o outro.

SAUDADES DO MANÉ

Mané nasceu
Com pernas tortas
E asas grandes

Não corria
Voava
Com a velocidade
De um colibri
Que parava na terra
Do nada
De repente
E no chão deixava
Seu marcador
Como se dissesse
"Senta meu filho
E assisti o show!"

Mané nunca foi
Grande jogador de bola
Porque Mané
Não jogava
Brincava de bola
Se recusava

A não se divertir
Com a bola nos pés

Mané dançava com a bola
Casal perfeito
Lindo de se ver
Sintonia dos anjos
Ao som da música
Que vinha do coração
Das arquibancadas

A bola era
Seu sapato
Suas asas
Seu brinquedo
Sua paixão

E a bola era
Louca por ele
Ele não foi o primeiro
Mas foi o inesquecível
Até hoje
Na grama dos estádios
No cimento das ruas
No chão de terra batida
A bola suspira
Ahhh que saudades do Mané!

LEMBRANÇA

Foi um sopro
Quando começou
Me dei conta de que
Já havia acabado

Passou por mim
Passou rápido
Ficou em mim
Dentro
Onde não alcanço
Mas sinto
Me lembro

Às vezes
Até esqueço
Mas não por muito tempo

Se alimenta
Da minha saudade
E por isso mesmo
Nunca vai morrer

De vez em quando

Coloca no meu rosto
Um sorriso
Outras vezes
Uma lágrima

Quando a tristeza é muita
Peço pra ir embora
Mas ainda bem
Que nunca me ouve

Por sua causa
Nunca estou sozinho
Nunca estou triste
Nunca estou feliz

Quem sabe
Quando meu coração parar de bater
Me deixa
Duvido.

POR VOCÊ

Se eu encontrasse
Palavras
Cores
Sons
Ou sabores
Que pudessem
Descrever o que
Eu sinto por você

Se eu pudesse
Descrever o que
Você faz por mim,
Em mim,
Comigo!

O que eu
Sinto por você
É grande
É maior
Transborda
Pelo meu sorriso
E se esparrama
Pelo meu corpo

Por onde quer
Que eu passe

O que eu
Sinto por você
É meu peso
E me carrega
É complicadamente simples
É simplesmente tudo

O que eu
Sinto por você
Explica claramente
O pôr do sol,
O azul do céu,
O doce do mel,
A brisa do mar,
Os mistérios do universo,
O brilho nos olhos meus

O que eu
Sinto por você
Não cabe
Não encaixa
Não se explica
E não se entende facilmente
Nem dificilmente

O que eu
Sinto por você
É o melhor presente
Que recebi

E veio embrulhado
Em belos
Olhos castanhos

O que a gente
Sente um pelo outro
Deixa a lua
Com inveja
Da gente.

SOBRE SAUDADE

É o preço que se paga
Para amar
Para viver
Todo mundo tem
Saudade de alguém
Que também
Saudade tem

Todo mundo
É
Foi ou será
Saudade de um outro alguém

Ninguém passa
Pela vida sem
Sentir saudades
E se passasse
Que tristeza seria!

DENTRO DE MIM

Dentro de mim
Faz um frio
Que não passa
Tem um vazio
Que não preenche

Dentro de mim
A música parou
O silêncio é ensurdecedor
Ninguém canta
Muito menos dança

Dentro de mim
Já faz tempo
Que o tempo
Esqueceu de passar

Dentro de mim
É para sempre
Quinze para às três
Dentro de mim
As flores murcharam
Onde antes existia

A possibilidade de tudo
Hoje só floresce o vazio

Dentro de mim
Luz exausta
A escuridão venceu
Hoje é noite
Amanhã também
Mas meu coração
Nunca descansa

Dentro de mim
Um dia foi
Porto seguro
Esconderijo secreto
Recanto acolhedor
Hoje eu tento
Sem sucesso
Fugir pra bem longe
Pra bem longe
De dentro de mim.

FLOR NA MÃO

Não vou deixar de te amar
Pra falar a verdade
Não vou nem tentar

Me apaixonar por você
Foi fácil
Te esquecer
Meu maior fracasso
E olha que de fracasso
Eu entendo

Vou tentar reconquistar
O suspiro que você dava
Quando adeus a gente dizia
O brilho nos seus olhos
Quando nos víamos
Suas risadas escancaradas
Das minhas piadas
Que não tinham
Um pingo de graça
Se na sua história
Eu não conseguir ser
O amor da sua vida

Serei feliz sendo
O personagem que morreu
Com uma flor na mão

Tentando.

NAS SUAS MÃOS

As mãos que um dia
Desenharam sonhos
Na minha pele
São as mesmas
Que mais tarde deixaram
Marcas profundas demais
Para serem vistas pelos olhos

Que você saiba

Que a fraqueza não é opção
Para quem nasce mulher

Que as lágrimas foram
Para lavar da minha alma
De uma vez por todas
O pouco do veneno de você
Que ainda em mim restava
Que a mulher que te deu tudo
Que se entregou por completo
Se recusa
A viver no passado,
A não lutar no presente,

A não sonhar com o futuro,
Se recusa
A não ser feliz

Que você saiba

Que meus olhos voltarão a brilhar
Que meu sorriso encontrará
O caminho de volta
Para os meus lábios
Que a minha alegria que eu permiti
Que você arranca-se de mim
Voltará a correr nas minhas veias
Que o meu coração que um dia
Sentiu por você o amor que
Move céus e terra voltará a amar
E por fim receberá aquilo que você
Nunca me deu e que não é
Capaz de sentir

Amor de verdade

Que você saiba

Que o meu amor por você
Que um dia foi eterno
Deixou de ser
Nas suas mãos.

CASO COMPLICADO

O poeta tem
Um caso complicado
Com a folha em branco
Algumas vezes rola
Outras é embaçado

Quando pinta
Um clima entre os dois
A noite é boa
Ele a toca
Com carinho
Ela se entrega
Com delicadeza

Eles compartilham
Medos, desejos
Amores e anseios

Outras vezes é atribulado
Mas entre beijos e rabiscos
Eles se entendem

Mas não se engane

A folha de papel é geniosa
E sabe que o poeta
Não vive sem ela
Ignora o coitado
Faz charme
Sedução que deixa
O pobre infeliz
Com mais vontade
De escrever

A relação entre
O poeta e a folha em branco
Não é fácil
Mas os dois sabem
Que com amor
Com paixão
Com tesão
E alguns versos
Eles deixam o mundo
Um pouquinho mais bonito
Um poema por vez.

MIRTU

Algumas pessoas
Tão generosas que são
Emprestam suas almas
Para alguns lugares

Lugares que antes tinham paredes
Passam a ter coração
Lugares que antes tinham endereço
Passam a ter vida

Lugares para onde
Antes você ia
Agora você deixa
Um pouquinho de você
Para ajudar a contar
Uma história
Com a cara de todos
Que por lá passaram

Eu conheci
Um lugar assim
Que tinha
Alma, coração, vida e bigode

Tudo emprestado
Mas quando a noite caía
E os copos se enchiam
Não dava pra notar
Onde começava o sorriso dele
E terminava o do bar
A gente pagava pra comer e beber
E era servido alegria

As paredes sorriam
O chão dançava
As mesas conversavam
A cerveja morta de frio
Coitada!
Buscava uma garganta
Pra se esquentar
E a lua assistia
Tudo lá de cima
Louca pra descer
E sentar no bar
Que tinha um sorriso
De cadeira a cadeira

Mas coração emprestado
Também para de bater
E o dele parou
Cedo demais
Deixando a gente
Com tanto abraço apertado
Guardado
Para dar
Nele e no bar

Um dia eu voltei
Sabendo que não tinha
Como voltar
Eu estava indo
Pela primeira vez
Em um lugar que tinha
Parede, teto e mesa
Apenas um bar

A lua não mais quer
A nós se juntar
E eu sei muito bem porque
Se eu pudesse me juntava a ela
Porque eu sei pra onde foi
A festa...

...e o bigode.

AMORA

Entre um sorriso e outro
Três anos não passaram
Foi um equívoco do tempo
Achando que sabe
Mais do que o amor

Entre um beijo e outro
Meu coração espirrou
E o calendário se aproveitou
De uma felicidade larga
E três anos ele pulou

Entre o ontem,
O amanhã,
E o pra sempre
Tem a gente
Colados
Exprimidos
Fingindo aqui não estar
Pra quem sabe o chato do tempo
Deixar a gente em paz

Entre os lábios meus

E o corpo dela
Qualquer distância
É distância demais
É separação injusta
É negação
Da mais verdadeira verdade
De quem foi feito
Pra viver
Juntinho do outro

Entre encontros
Desencontros
Reencontros
A culpa é nossa
A dor é grande
O amor maior

Entre o jovem casal
E o que deixou de ser
Além de primaveras
Existem tantas histórias
Tantos tropeços
Tantos recomeços
Tantas tentativas fracassadas
De negar
De reescrever
O final de uma história
Bonita demais
Pra ter fim.

MEU PEDACINHO DE VOCÊ

Quando eu partir
Chore se quiser
Mas não se esqueça
Também de sorrir

Quando eu partir
Eu continuo aqui
No seu coração
E vez ou outra
Volto em lembrança
Pra dizer um "Oi"
Em um sonho
Em uma brisa
Em um sabor
Ou um cheiro

Não se preocupe
Quando eu partir
Você esbarra comigo
Quando passar
Por algum lugar
Onde deixamos cair
Dos nossos olhos

Dos nossos sorrisos
Das nossas bocas
Um pouquinho de nós dois

Quando eu partir
Seja feliz
Não é um pedido
É uma ordem!
E pelo menos
Uma vez na vida
Me escuta mulher!

Aonde quer que
Eu esteja
A falta de você
Vai doer um pouco menos
Todas às vezes
Que você colocar
Um sorriso nesse
Lindo rosto seu

Quando eu partir
Eu levo comigo
Um pouco de você
Mas ainda sobra
Muito pra não
Deixar o mundo triste

E eu prometo
Cuidar com carinho
Pra quando você partir
Colocar de volta no seu peito

Olhando nos seus olhos
Meu pedacinho de você
Que vou levar comigo
Pra enganar a saudade.

A BUSCA 1

Busco um amor
Busco uma dor
Busco um alguém

Busco a quem
Me ajude a plantar sorrisos
Pra colher saudades

Busco alguém que
Busque por mim
Mesmo sem saber

Busco o que
Todo mundo busca
Um tempero pra vida

Busco um par de olhos
Busco um riso frouxo
Busco um não com sabor de mais
Busco aquilo que já encontrei
Busco aquilo que não dei valor
Busco aquilo que perdi

Busco um brilho pro sol
Busco um remédio pra Segunda-Feira
Busco um rosto pra ver com os olhos fechados

Busco por um pedaço de mim
Busco por mim fora de mim
Busco por nós

Busco uma dança
Busco um toque
Busco um pecado

Busco um
"Também te amo!"
Busco um
"Nossa como ela é chata!"
Busco um
"Puta que pariu como eu amo ela!"
Busco
Até encontrar
Ou busco
Até morrer

Busco alguém
Que me faça
Por fim
Parar de buscar.

MEIO DO DIA

O tempo passou
E nada me ensinou
Apenas confirmou
Aquilo que eu já sabia
Quando era jovem

O tempo não tem tempo
Pra perder repetindo
Verdades que ecoam
Desde o início dos tempos

No final das contas
O tempo deu razão
Para os meus pais
Para os pais dos meus pais
E para os pais dos meus filhos

O tempo deu um salto
Do ontem para o agora
E não deu tempo
Pra que eu
Pudesse acertar os ponteiros
Do relógio da minha vida

O meu rosto mostra
Meio-dia
Mas no meu coração
A vida mal começou

O tempo passou
E eu fiquei
O tempo disse que
Me levaria com ele
Mas não tinha espaço
Para os meus sonhos
Ele passou
E nós ficamos para trás

O tempo de hoje
Me lembra o de ontem
Ainda lhe falta
Um pouco de charme
Mas ele chega lá
É preciso dar
Tempo ao tempo

O tempo leva
Para longe de mim
Os rostos, os sorrisos,
As memórias que
Levou tanto dele
Pra juntar

Mas com o tempo
Eu não brigo
No fim ele sempre ganha

A gente passa e ele fica.

O MONSTRO

Eu sou o monstro
Que você pintou
Com cores fortes
Que nunca fez
Nada certo

Na sua adaptação
Da realidade surreal
Eu sou o monstro

Se te faz feliz
Ou simplesmente
Te ajuda a dormir
Eu sou o monstro

Para que o sofrimento
Que construímos juntos
Se transforme
No flagelo
Que eu
E tão somente eu
Te impus
Eu sou o monstro

Para que a história
Faça sentido
Aos olhos dos outros
O sentido
Que os outros
Escolheram acreditar
Eu sou o monstro

Se é para a nossa
História de amor
Que começou
Como conto de fadas
E terminou
Com foram felizes
Pelo tempo que deu
Tenha um vilão
Tá bom
O monstro sou eu

Se ajuda a secar
As lágrimas
Do seu rosto
Eu sou o monstro

Se vai te ajudar
A superar a dor
Do nosso fracasso
E te possibilitar
Ser um dia feliz
Como você merece
Como eu não fui

Capaz de te fazer
Eu visto o papel
Que o mundo saiba
Eu sou o monstro.

BETH

Tem gente que tem
Sorriso bonito
Mas sorriso de Beth
Desculpa,
Só tem a Beth!

Sorriso que nasce na alma
Que salta dos olhos
E termina no coração
De quem estiver por perto

Beth é linda,
É musa,
É Beth!

Sua alegria
Chega primeiro que ela
Ela logo atrás
E quando entra
Por uma porta
A tristeza
Foge pela outra
Não suporta

O sorriso da Beth

A porta que ela entra
É cortina que abre
O chão que ela pisa
Vira palco
E quando ela vai embora
Não! Vai não!

Já vivi tempo suficiente
Pra ver gente
De todo o tipo
Mas gente igual ela
Deus gosta de guardar
Pertinho dele

Tem sotaque forte
Sotaque de sol,
Sotaque de praia,
Sotaque de vida!

Sotaque que não é
Do norte
Nem do sul
Sotaque de mulher forte

Mulher que viveu
Lutou, apanhou,
Caiu, levantou,
Caiu, levantou de novo,
Chorou,
Amou e foi amada,

Sorriu, sorriu, sorriu,
Nunca desistiu,
E venceu
Porque nunca deixou
De ser ela
Nunca deixou
De ser
Beth.

LINGERIE PRETA

Ela

    Oi!

Ela
Um batom vermelho

    Eu sinto tomando conta de mim
    E nem um pingo de vontade de resistir

Ela
Um batom vermelho
Uma lingerie preta de renda

    Eu e meus pensamentos
    Que não sou descarado o suficiente
    Pra colocar no papel

Ela
Um batom vermelho
Uma lingerie preta de renda
Um vestido preto

Como ela é linda!

Ela
Um batom vermelho
Uma lingerie preta de renda
Um vestido preto
Um salto alto

Minha respiração ofegante
Calor, calor, calor!

Ela
Um batom vermelho
Uma lingerie preta de renda
Um vestido preto
Um salto alto
Um sorriso no rosto

Como é descarada!
Sabe que não tem volta
Sou brinquedo seu
Corpo, alma, coração
Nas suas mãos!

Ela
Sem nada
Só o batom vermelho
Que agora não está
Somente na boca

Eu,
Nós,

Uma cama,
Uma noite,
Que noite!

A BUSCA 2

A vida é busca
A gente nasce pra buscar
Nem sempre pra encontrar
E às vezes encontra
Sem se dar conta
De que estava buscando

Outras somos encontrados
Sem ter a menor ideia
De que estávamos
Sendo buscados

A gente busca
Um sentido pra vida
Ou uma vida onde se encaixe
O nosso sentido

A gente busca
Um sentido pra tudo isso
E um tudo isso também

A gente busca
Todos os dias

Todas as horas
Todos os minutos
Acordado
Ou até dormindo
A gente segue buscando

A gente busca
E quando não encontra
Reclama
Vez ou outra
Quando encontra
Também

A gente busca
Do lado de fora
Aquilo que sempre esteve
Dentro da gente

A gente busca
O eu nas coisas
O eu no outro
E o outro
No outro outro

A gente busca
Uma busca interessante
Pra passar o tempo
Ou pra tentar esquecer
De um tempo que passou
E não volta mais

A gente busca

Um remédio pra dor
E quando acha descobre
Que estava viciado
Na dor agora curada

A gente busca
Alguém pra buscar com a gente
Algo pra nunca encontrar
Alguém que faça
Do caminho da busca
Tão especial
Que tire da busca
A vontade de acabar.

EU, ELE E O OUTRO

Eu sou eles
Ele, o Outro e Eu
Somos nós
Eles sou Eu

Ele é coração
Delicado, carinhoso, atencioso
Faz da felicidade
Dos outros a sua
Quase um tonto

O Outro tá nem aí!
Pra mim ou pra Ele
Impaciente com todos
Grosso
Tem charme
Carrega dor

Ele sente a dor
Do Outro
O Outro acha Ele
Um trouxa

Eu sou apenas
Um pobre mediador de nós
Tento preparar Ele
Para as decepções da vida
E convencer o Outro
A não destruir
Tudo aquilo
Que nós três amamos.
A não acabar com a gente.

ATÉ QUE

Eu sou, fui, serei
Bom e mau
Às vezes ao mesmo tempo
Dependendo
Do dedo que aponta

Eu sou a dor que me afaga
O amor que me intriga
A raiva que me consome
E o Malbec que consome
O poeta de Minas

Eu não preciso do seu ódio
Eu me odeio por nós dois
Ao mesmo tempo em que
Sou perdidamente apaixonado
Pelo moço no espelho

Eu sou o erro
Que um dia foi acerto
Sou metade minhas cicatrizes
Outra metade as cicatrizes
Que deixei

Naqueles que eu amo

Eu sou
Bocas e beijos
Pele, suor
Respiração ofegante
Saudade e esperança
Mentira tão bela que
Merecia ser verdade
Verdade tão absurda
Que só pode ter sido um sonho

Eu também sou
O perdão que não
Pedi, peço, pedirei
Por ser

Eu sou, fui, serei
Eternamente
Até que
Não mais.

A NOSSA HISTÓRIA

A Nossa história
É diferente
Tem jeito de história
Que não tem jeito
De dar certo
Difícil de entender
Até pra gente
Daquelas que pra quem
Está do lado de fora
Não faz sentido
Mas pra gente
Que está do lado de dentro
Não precisa fazer
Porque é a nossa
História de amor.

EU, ELA, ELE E O NOSSO AMOR

Meu segundo amor foi
A primeira filha do meu pai
Antes dela me apaixonei
Pelo homem guerreiro
Que amava tanto
Eu e ela
Que por nós duas fazia tudo
Só não conseguiu fazer
O tempo parar

Se até
Nem faz tanto tempo assim
Seu nome era pai
Hoje seu nome é saudade
Com d de doendo
Com d de demais
Nome que bonito é
Mas que não combina
Nem um pouco
Com seu sorriso fácil
Com sua teimosia grande

Com seu coração enorme

Mas se meu primeiro amor
Se foi
O amor meu e dele
Ele deixou
A filha dele,
A irmã minha,
O amor nosso embrulhado
Em um par de olhos verdes
Em um sorriso tímido
Em um coração gentil
Que insistia em me abraçar
Que insistia em me beijar
Mesmo quando eu insista
Em fingir não precisar
Tanto do carinho dela
Hoje eu preciso
Mais do que nunca
E ela do meu

Minha irmã eu te prometo
Que a dor nós vamos vencer
Juntas
Aos pouquinhos
Um abraço apertado por vez
O amor que no nosso peito brota
Floresce lá em cima
Em um cantinho do céu
Onde um passarinho me contou
Hoje mora um pai orgulhoso
Dos dois presentinhos pro mundo

Que na terra ele deixou.

A SURRA

Fiz uma piada
Que não deveria
Ter feito
Ela me olhou nos olhos
Séria
Fiquei preocupado
Ela disse:
Vou te dar uma surra
Mas não daquelas
Que você gosta
Caímos os dois na risada
Como eu amo essa mulher!

MEU ANJO ATRAPALHADO

Na escola
Que tem lá no céu
Meu anjo coitado
Foi reprovado
Tem olho rasgado
Sorriso mal criado
Asa que é bom
Tem não!
Vê se pode
Um negócio desse
Anjo com medo de altura!
Mas se voar não voa
Beijar meu anjo beija
E bem!
Tão bem
Que quando sua boca
Toca a minha
Quem chega
Pertinho do paraíso
Sou eu.

PORTA-JOIAS

Se me olhar nos olhos
Bem no fundo
Onde eu guardo
1 segredo ou 2
Onde minha alma
Descansa
Onde nunca deixei
De ser criança
Se me olhar nos olhos
Bem no fundo
Irá ver
Um coração apaixonado
Um cofre bem guardado
Um lindo porta-joias
Onde guardo você.

VERDADE PESSOAL

Eu carrego uma verdade
Que me carrega
Que não me deixa cair
Sozinho
Que quando eu caio
Me levanta
Que não precisa
Ser entendida
Mas faz questão
De ser respeitada
A verdade
Que mora em mim
Respeita a verdade
Que mora em você.

REDENÇÃO

O coração que tudo vê
Eu rezo em palavras não ditas
Para alcançar ouvidos eternos

Para você
O tudo
O além de todos os fins
Eu tenho que confessar
As flores pisoteadas
Que uma vez
Não muito tempo atrás
Davam a minha alma
A oportunidade de acreditar
Ser ela o belo jardim
Que sempre nasceu para ser
Estão longe do alcance
Do seu perdão

Não é por isso
Que estou aqui
De joelhos
Olhando pra mim
Rezando sem rezar

237

Eu devo
Mesmo que apenas uma vez
Nessa uma vida
Confessar meu sorriso
Dividir a verdade que nasceu
Com a cor dos olhos meus

Eu suspiro,
Eu peco,
Eu arrependo,
Eu vivo,
Eu rezo
Fingindo que não
Pelo dia em que
Pela última vez
Fecharei meus olhos
Você abrirá os seus
Para sempre também
E dirá aquilo que somente
O eu dentro do eu
O que não foi corrompido
Pelo vento que sopra
Do lado de fora
Pode dizer

Filho,
Eu acredito que você existe.

A GAIOLA

Quando ele
Conheceu ela
Ela voava alto
Era linda
Exuberante
Quando ela
Se apaixonou por ele
Ele de presente
Comprou pra ela
Uma gaiola de ouro
Com joias raras
Linda e triste
Até nome tinha
Ele chamava a gaiola
De amor
Naquele dia ele
Estava condenando
Aquela que ele
Dizia que amava
A morte
Quando as asas
Não batem
O coração atrofia.

2020

Eu não sei o que sentir
Com o fim de 2020
Quando tenho essa sensação
De que esse foi um ano
Que nunca começou
Um ano que ninguém viveu
E que ninguém vai esquecer
Um ano que nunca foi
Mas sempre será
2020 roubou da gente
Beijos e abraços,
Sorrisos e afagos,
As memórias
Com as quais eu contava
Para quando envelhecer
Em 2020 eu existi
Esse ano não me deixou viver
Meu coração ficou pra trás
Ainda bate em 2019
Esse ano me condenou
A passar o resto da vida
Com um rosto que será para sempre
Um ano mais velho que meu coração.

PARA: LAURINHA

ENDEREÇO: CÉU

A dor dói
O vazio também
A saudade dói muito
Ela foi apressada
Sem dizer adeus
Ela foi apressada
Muito antes
Do que deveria ter ido
O meu "Amo você"
Não encontra mais ela
A minha cabeça entende
Mas meu coração
Se recusa a entender
Eu também
Eu me recuso a esquecer
Mas vou me perdoar
Para poder perdoar você
Eu chorei você
No ouvido do poeta
Que chorou o choro meu
Em uma folha de papel

Eu pedi pra ele escrever
Carta que chega no céu
E que você saiba
Quando ler esse poema
Que se hoje
No céu você brilha
Na terra você faz muita falta.

Ass: Sua irmã.

EU QUERO VOCÊ

"Eu quero você essa noite!"

"E quem disse que eu te quero?"

"E se você beijar melhor do que mente,
eu quero você amanhã e depois de amanhã também!"

Fiquei nervosa
como se nunca
tivesse feito antes.
E quando a noite acabou
descobri
que não tinha.

A CANCÃO DO EU NÃO RESISTO AO SORRISO TEU

Eu tô muito bravo
E a gente vai ter uma briga feia!
Eu sei que não se começa uma briga
Avisando que vai brigar
Mas preciso que você colabora
Não sorri pra mim!
Por favor!
Eu pedi pra não sorrir!
Não!
Para!
Como você é linda!
Quer dizer, como eu te odeio!
Puta que pariu como eu te amo!
Eu te odeio de verdade!
Foda-se!
Me beija!

CHEIA DE GRAÇA

Por onde passa
Ela finge não notar
Estar sendo notada
Por todos aqueles
Que veem ela passar
Até que graça ela acha
Às vezes não consegue
O sorriso conter
Mas para a tristeza
De todos que olham
O coração dela
Já tem um par de olhos
Pra chamar de seus.

BOA SORTE!

Ele escutou um amigo
Que amigo não era
E deixou ela ir embora
Carregando no peito
O sorriso dele
Agora escuta o poeta!
Se ela é especial
Porque é ela
Fala pra ela
Não pra mim!
Dor de poeta é saber
Que nunca irá escrever
Um poema mais lindo
Do que alguém que olha
No fundo dos olhos
De outro alguém
E fala
Eu te amo!
Se estiver falando a verdade.

PAULISTA

O que você escreve
De quem escreveu
No livro da sua vida
O ombro amigo
O abraço apertado
Quando você mais precisava
Quando você se escondia
Do mundo
Da dor que te perseguia
Até que um sorriso te encontrou
E ela seu coração estendeu
Te puxou
Pra fora do poço
Que você mesmo cavou

Alguém
Que repetia sem falar
Todos os dias
No carinho do olhar

"Amigo meu,
vai dar tudo certo!
E se não der,

não vai dar errado sozinho!"

Para a amiga do poeta esforçado
Talvez ele devesse escrever
Obrigado!

Mas se além de esforçado
Bom ele fosse
Escreveria

Amiga
Que a vida me deu
Irmã
Parida no coração meu

Amo você!

O CORAÇÃO DELA

O coração não sabe
Pedir perdão
Mas o dela
Devia aprender
Ele escolheu o outro
Não o que ela queria
Agora ela está sofrendo
O coração dela doendo
Ela só queria ser feliz
Ao lado de quem
Estava ao lado dela
Ninguém escolhe
Seu coração
Ou quem ele
Escolhe pra gente
A gente ama
Quem a gente ama
Quem o coração escolhe
Sem pedir permissão
Sem se importar
Com regra
Norma
Ou razão

A gente ama
E se tiver sorte
Os anjos dizem amém

Que atire no espelho
A primeira pedra
Quem já sofreu por amor

Tomara que um dia
Todos que amam
E todos os corações que batem
Façam as pazes
E caminhem na mesma direção

Culpada
É ela,
Sou eu,
É você,
Somos nós!
Amar
É carregar pra sempre
No coração e na alma
A culpa do pecado
De querer ser feliz
Ao lado de quem
O coração escolheu.

A CONFRARIA DOS CORAÇÕES CANSADOS

O café da padaria é bom
O pão com manteiga também
Mas o que de melhor lá tem
Não tem todos os dias

Primeiro chega um
E daí é só chegar mais outro
Que a confraria está armada

Os velhos da padaria me lembram
Dos velhos de uma época
Quando eu ainda nem era velho

Quando eles falam eu escuto as vozes
Do meu pai, do meu avô,
Do pai do meu avô
Que eu não conheci
Quando eles falam eu escuto as vozes
Dos meus velhos filhos,
Dos meus velhos netos,
Dos meus velhos bisnetos e tataranetos

Que eu não conhecerei

Eles falam de tudo e um pouco mais
Eles falam
De futebol, de dor,
De política, de dor,
De televisão, de dor,
Do tempo, de dor,
De cura para a dor,
De mocinhas de 50 anos
Eles falam também

Tem um que é gordo
Outro que é magro
Tem um que manca
Tem outro que pra não ficar atrás
Manca também
Tem o que fala alto
E o que escuta baixo
Tem os que sempre tem razão
E tem os outros
Que nunca estão errados
Tem o padeiro que nem velho é
Mas para fazer parte dessa confraria
Não precisa ser
Só precisa ser pelo menos
Um pouco ranzinza
E ter o coração cansado
De um homem velho

Eu olho para o lado e vejo
Pais, filhos, avôs, netos,

Maridos, irmãos, tios, sobrinhos,
Eu vejo bons amigos

Mas não se engane
Os velhos são colecionadores
De amores, de histórias, de dores
Atrás de cada sorriso uma história de
Levantar, lutar, apanhar, bater, cair
E levantar de novo vezes demais

Atrás de cada rosto acariciado pelo tempo
Existe uma história de vida
Que merecia ser contada
Mas nunca será
Porque não existem páginas suficientes
Em qualquer livro para caber
As histórias que descansam
Serenamente
No coração cansado
De um homem velho.

VIDA ANALFABETA

Minha avó não sabia ler
Minha avó não sabia viver
Minha avó viveu sem saber
E na época que minha avó vivia
Era tão mais fácil morrer!
Viver pra quê?
Bobagem!
Viver era coisa de gente rica
E rico era quem tinha
Comida para comer

Minha avó morreu
Primeiro quando
Morreu seu irmão Alceu
Depois quando
Morreu a bisa Maria
E todas às vezes que seu coração se partiu
Ela morreu mais um pouquinho
Minha avó morreu vezes demais
Para caber no poema meu
Mas nunca morreu o suficiente
Para deixar de viver
Contra tudo

Contra todos
Às vezes contra ela mesma
Minha avó insistia em viver
Minha avó viveu por mim
Antes que em mim vida existisse
Eu aprendi a ler
Até escrever eu sei
Viver eu ainda estou aprendendo
Mas aprendi com a minha avó
Que sabia bem mais do que
Ler e escrever
E que não gostava de morrer
Que morria sem querer
Que insistia em viver
Só para fazer pirraça para morte
Que sabendo ou não
A gente deve sempre
Seguir vivendo.

FILHO MEU

Filho meu
Que quando nasceu deu à luz ao pai
Do filho meu

Filho meu
Luz que brilha e amedronta
A escuridão do coração meu

Sobrinho dos meus irmãos
Neto do soldado bravo e da bela professora
Bisneto da Dona Rocha

Se o moleque que eu deixei na Dinamarca
Soubesse o quanto é belo
O filho nosso

Sangue do meu sangue
Sonho do meu sonho
Filho meu

Filho meu
Presente que Deus me deu
Embrulhado no sorriso seu

Pouco falei, nunca deixei de sentir orgulho
Por você ter me escolhido para ser o filho
Do avô teu

Pedaço de mim
Melhor que todo o melhor de mim
Filho meu

Filho meu
De tudo o eu tenho
É tudo que vale a pena ter

Filho meu
Enquanto houver eternidade
Eu continuarei sendo

Pai teu.

ÚLTIMO BRINDE

Ele tinha olhos
Cor de vermelho que queima
Cheirava enxofre
Se tinha coração
Seu coração não batia

Se aproximou de mim
Pra me assustar
Me aproximei dele
E olhei no fundo
Dos seus olhos de fogo

Ele disse:
"Uns me veneram, outros me temem,
você me encara."

Eu respondi:
"Uns te veneram, outros te temem,
eu te conheço.
Das dores que você tem pra me oferecer
nenhuma é mais dolorida
do que as dores que em mim mesmo infligi."

"Você sente,
você sabe
o que não queria saber.
Eu sou seus erros."

"Eu sinto,
eu sei,
eu tenho certeza,
eu sou o nosso perdão."

"Eu sou o cão!"
Ele disse

"Você é a sombra."
Respondi

"Eu sou a última chance."
Insistiu

"Você é o abismo mais profundo."
Insisti também

"Eu sou a noite."

"Sim, você é a noite."
Não conseguiu disfarçar a surpresa
Continuei
"Você é a noite.
Quando você dorme
eu acordo.
Quando você acorda,

eu continuo não sonhando.
O caminho que você escurece
é o mesmo que eu ilumino.
Você é a noite,
eu sou a lua,
e o sol também."

"*Você me enxerga,*
você me conhece,
eu sou espelho."

"Você é espelho,
eu sou muitas primaveras.
Sou quem aprendeu
que para enxergar
os olhos tem que fechar.
Você é espelho,
você é reflexo.
Você está,
Eu sou."

"*Eu vi tudo,*
eu sei tudo."

"Eu vi pouco,
eu sei nada,
eu aprendi
o que importa.
Por mais vasto que o seja oceano
ele não mata a sede
como um copo de água."

"Eu tenho tudo.
Tudo o que você deseja,
até o que você ainda nem sabe
que deseja."

"Você tem tudo,
eu preciso de nada.
Eu tenho pouco,
até o pouco que você nem sabe
que não tem."

"Eu sou antes de você
e continuarei sendo
eternamente depois!"

"Sim, você é eterno,
e eu também.
Mas minha eternidade dura somente
até o coração parar de bater,
e se depois nele ainda restar
ainda um pouquinho que seja
de amor
eterno eu continuarei sendo,
para sempre.
E assim sendo te pergunto,
qual de nós de verdade
não tem fim?"

Ele bateu na mesa
"Eu sou a tempestade!"

Eu sorri
"Eu não sou
quem a tempestade
gostaria que eu fosse."

"Existe algo que eu possa te falar?"
Perguntou

"Existe algo que eu gostaria de poder
fazer você sentir."
Respondi

Dois cavalheiros, uma taça, um Malbec,
Um último brinde

"Nos vemos em breve!"
Se despediu

E essa foi a última vez que eu vi
O diabo.